Dis pourquoi ?

Les grandes questions des petits enfants

FLEURUS

Direction : Guillaume Arnaud
Direction éditoriale : Sarah Malherbe
Édition : Servane Bayle, Claire Renaud, Sophie Cluzel

Direction artistique : Élisabeth Hebert, assistée d'Anaïs Acker
Mise en page : Sophie Boscardin

Fabrication : Thierry Dubus, Anne Floutier

Site : www.fleuruseditions.com
ISBN : 978-2-2151-2024-7
MDS : 651 313

Dis pourquoi ?

Les grandes questions des petits enfants

FLEURUS

Sommaire

Ainsi va la vie...

Moi !

J'étais où avant d'être né ?

Avant ta naissance, tu as passé neuf mois bien au chaud dans le ventre de ta maman. Et avant ces neuf mois, tu n'existais pas. Ou plutôt disons que tu n'étais pas en vie. Car en fait tu existais déjà... comme un beau projet dans la tête de tes parents ! Ils avaient envie d'avoir un enfant. En revanche, ils ne savaient pas encore si tu serais un garçon ou une fille, quel visage tu aurais, quel prénom ils choisiraient pour toi...
Tu imagines leur curiosité quand ils ont appris qu'ils t'attendaient ?

Ils t'ont tout de suite aimé, même s'ils ne te connaissaient pas encore ! Pendant neuf mois, ils t'ont senti bouger, faire des galipettes et donner des coups de pied. Mais ils se demandaient bien à quoi tu ressemblerais ! Depuis le jour où ils t'ont enfin tenu dans leurs bras, ils t'ont aimé tel que tu es et continuent de t'aimer toujours plus.

Comment on fait les bébés ?

Il faut que le papa dépose une petite graine par son zizi dans le ventre de la maman. Arrivée là, la graine du papa rencontre une graine de la maman. Le mariage de ces deux graines donne un œuf minuscule qui va grandir, grandir… et devenir un bébé.

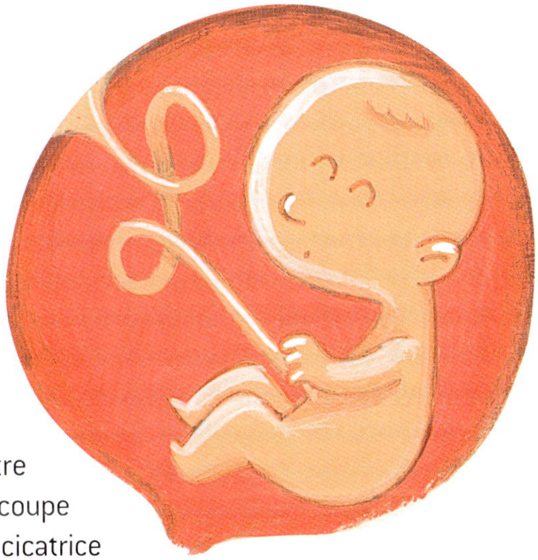

Comment le bébé mange dans le ventre de sa maman ?

Pas par la bouche ! Le liquide qui le nourrit arrive dans son ventre par un tuyau appelé « le cordon ombilical ». À la naissance, on coupe ce cordon. Ça ne fait pas mal du tout, mais ça laisse une petite cicatrice que le bébé gardera toujours : le nombril !

Comment le bébé sort du ventre de sa maman ?

Par un tunnel menant au bas du ventre de la maman. Ce tunnel, très étroit, s'élargit quelques heures avant la naissance grâce à des « contractions ». En général, le bébé sort la tête la première, c'est plus facile pour lui.

Est-ce que c’est obligé de grandir ?

À chaque anniversaire, tu souffles une bougie de plus. C’est l’occasion de fêter tous les progrès que tu as faits pendant une année. Dans la vie, tu n’arrêtes pas de grandir ! Parfois, tu t’en rends compte : par exemple, quand on mesure ta taille, ou que tu apprends à faire du vélo sans roulettes, ou lorsque tu réussis à nouer tes lacets tout seul. D’autres fois, tu ne t’aperçois même pas des progrès que tu fais, discrètement, jour après jour. Quelle chance de pouvoir s’améliorer sans limites ! Et quel ennui ce serait si on restait toujours pareil !

Bien sûr, les progrès demandent des efforts. Pour grandir, il faut travailler à l’école, savoir écouter et obéir, s’entraîner pour faire les choses difficiles… et accepter de rater parfois, pour mieux réussir ensuite. Mais on est toujours récompensé quand on se donne du mal, parce qu’à chaque progrès qu’on fait on est tellement fier de soi !

Pourquoi ça fait un peu peur de grandir ?

Grandir, c'est aller vers un avenir qu'on ne connaît pas encore. Tu ne sais pas quel métier, quelle famille tu auras. Tu devines aussi que la vie des adultes a ses difficultés quand tu vois tes parents fatigués ou soucieux. Et puis tu as peut-être peur de ne plus être le roi et qu'on s'occupe moins de toi ?
Mais ne crains rien : à chaque âge, on est bien entouré ! Devenir grand, c'est merveilleux : on a la joie de prendre sa vie en mains et de pouvoir donner plein de bonheur autour de soi.

On grandit jusqu'à quand ?

Ton corps va continuer à grandir jusqu'à tes 18 ans environ.
Après cet âge, même quand on ne pousse plus en taille, on peut encore grandir dans son cœur et apprendre beaucoup de choses jusqu'à la fin de sa vie !

Pourquoi je ne peux pas manger que des frites et du chocolat

Les frites, les glaces, les sucreries… que c'est bon ! Bizarre : un plat de haricots verts ne creuse pas autant l'appétit ! Mais si tu ne mangeais que des chips et des saucisses, ton corps risquerait de graves déséquilibres. Ces aliments que tu aimes tant contiennent beaucoup de graisses qui s'accumulent dans le sang et sous la peau. Quand on en mange en quantité normale, on élimine ces graisses en faisant du sport. Mais trop, c'est trop : à force de manger gras, on risque de devenir obèse, c'est-à-dire anormalement gros, avec des problèmes de cœur, de dos et autres.

Pour garder une belle santé, ton corps réclame une nourriture variée : fruits, légumes, poisson, viande, laitages… Alors gâte-le, il le mérite : ne boude pas les épinards ou le poulet. Et de temps en temps, fais-toi plaisir avec tes douceurs préférées. Comme ça, tu ne te lasseras pas. Car si on te forçait à ne manger que des frites et du chocolat, c'est toi qui finirais par réclamer une soupe de légumes !

Comment je fais si j'ai faim tout le temps ?

Pour ton corps, c'est important de se limiter à quatre repas : petit déjeuner, déjeuner, goûter et dîner. Si tu as faim en dehors, c'est peut-être que tu ne manges pas assez pendant ces repas... Est-ce que tu finis bien ton assiette à chaque fois ? Parles-en avec tes parents. Et si un jour tu as vraiment faim au milieu d'une matinée, il vaut mieux croquer une pomme ou une carotte que du chocolat !

Pourquoi les bonbons ne sont pas bons pour la santé alors que c'est si bon ?

Les bonbons sont comme de gros morceaux de sucre coloré. Huuummm... Mais si tu les engloutis dix par dix, ils vont semer la pagaille dans ton corps, qui ne saura plus où ranger ces paquets de sucre en trop. Il n'arrivera pas à les transformer en bonne énergie et il fonctionnera moins bien. En plus, avant d'arriver à l'estomac, les bonbons commencent par s'attaquer à tes dents en y creusant des caries. Encore une bonne raison pour ne pas en abuser !

Pourquoi je dois me laver ?

Quand tu n'as pas envie d'aller à la douche, imagine que tu vas tuer plein de bandits en cinq minutes. Chaque soir, après la journée, des foules de microbes se sont installés sur ton corps. Tu en as récolté en classe, dans la cour, aux toilettes ou à la cantine. Ces microbes sont des bêtes minuscules dont certaines donnent des maladies. Si tu veux t'en débarrasser, rien de tel qu'un bon coup de savon : pour les microbes, c'est du poison. Alors zou ! pas de pitié : que tu sois une fille ou un garçon, la toilette du soir est vraiment importante !

Ton corps est un grand trésor que la vie t'a confié. Il te permet de faire plein de choses merveilleuses, de bouger, de rire, d'être heureux. Et qu'est-ce qu'on fait avec un trésor ? On le respecte, on en prend soin, on veille sur lui... C'est ce qu'il faut te rappeler quand tu n'as pas envie de le laver comme il faut !

Est-ce que les enfants doivent aussi se laver les dents ?

Oui, parce que les microbes peuvent attaquer les dents de lait. En plus, c'est important d'apprendre très tôt les bons gestes pour te laver les dents. Ainsi, quand tes dents définitives auront poussé, tu sauras les protéger plus efficacement contre les caries.

C'est important de se laver les mains souvent ?

Oui ! Les microbes ont trois passages préférés pour entrer dans ton corps : les yeux, le nez, la bouche. Et tes mains, qui se promènent partout, touchent souvent ces endroits-là. Si tu ne les laves pas régulièrement, elles deviennent des ascenseurs à maladies contagieuses. Dommage !

Est-ce que les poux ne vivent que sur les cheveux sales ?

Malheureusement, non : c'est pour cela qu'ils se répandent dans les écoles, y compris chez les enfants très propres ! Mais le shampoing les décourage quand même un peu. Alors, lave-toi la tête régulièrement pour leur rappeler que le camping est interdit chez toi.

Pourquoi je ne peux pas me promener tout nu ?

Aucune partie de ton corps n'est vilaine. Pourtant, tes parents te demandent de mettre un maillot de bain pour cacher ton zizi à la piscine ou à la plage. Et à l'école, on te dit d'être discret quand tu vas aux toilettes. Pourquoi tant de précautions, si le zizi n'est pas honteux ?

Parce que ton corps est un bien précieux qui n'appartient qu'à toi. Tu montres la plupart de ses parties (les jambes, les bras, la tête) à tout le monde, car elles te permettent de jouer, courir, sourire et partager la vie de tes copains.

Le zizi, lui, est une partie qu'on appelle « intime ». Pour l'instant, il te sert à aller aux toilettes, une occupation qui ne regarde que toi. Et puis un jour, quand tu seras devenu adulte, tu le montreras à quelqu'un d'autre, pour qui tu éprouveras un grand amour. Ton amoureux, ton amoureuse, sera la personne à qui tu voudras donner toute ta vie, montrer tous tes trésors et tes secrets, même ceux que tu n'as jamais fait voir aux autres !

Est-ce que c'est pareil partout dans le monde ?

La pudeur (le besoin de cacher certaines parties du corps) existe dans tous les pays, mais différemment. Au Japon, on se baigne nus entre femmes ou entre hommes sans être gênés, alors qu'en France, on met un maillot dans une piscine, même entre gens du même sexe. En Inde, les femmes ne montrent pas leurs épaules ni leurs jambes. Dans certaines tribus du monde, elles vivent la poitrine nue. Chaque culture a sa manière d'exprimer du respect pour le corps.

Est-ce que la pudeur n'est qu'une question de vêtements ?

Non, elle concerne aussi les sentiments. Parfois, tu n'as pas envie d'exprimer tes sentiments à n'importe qui. Ou tu sens qu'un copain ne souhaite pas te dire pourquoi il est triste, ému, joyeux. Ce qui se passe au fond d'un cœur n'a pas forcément à être commenté par tous les curieux. On a le droit de garder pour soi des choses profondes et importantes. Et le devoir d'être discret quand les autres font pareil !

Pourquoi je dois dormir ?

Souvent, le soir, tu ne sens pas la fatigue. Et tu en veux à tes parents de t'obliger à te glisser sous la couette alors que tu voudrais encore jouer et rigoler !
Pourtant, dormir n'est pas une obligation inventée pour ennuyer les enfants. Dans la journée, ton corps et ta tête travaillent, bougent et dépensent beaucoup d'énergie pour grandir. Ils ont donc besoin de se reposer environ onze heures par nuit pour refaire le plein de forces. C'est pour cela qu'on t'envoie au lit assez tôt, surtout quand tu as école le lendemain. Sinon, tu n'aurais pas ta provision de sommeil. Tu ne pourrais plus te concentrer en classe, ni même jouer avec tes copains : quand on est fatigué, on perd sa belle humeur.
Et puis, le sommeil n'est pas du temps perdu ! Ton corps continue à grandir, ton cerveau en profite pour répéter ce qu'il a appris pendant la journée. Alors, c'est important de bien dormir… et de voir le repos comme un cadeau. La pire des punitions serait d'être privé de sommeil !

Pourquoi quelquefois je n'arrive pas à m'endormir ?

Après une journée sportive ou bien remplie, tu es parfois excité. C'est vrai aussi quand tu as vécu des émotions fortes ou de grands événements. Mais avec de la patience, si tu fermes les yeux pour mieux écouter le silence de la nuit, tu finiras par t'endormirrrr... ron... pichhh...

Pourquoi les parents se couchent plus tard que les enfants ?

Comme ils ne grandissent plus en taille, ils dépensent moins d'énergie physique que toi : eux n'ont besoin que d'environ huit heures de sommeil par nuit. Mais... te l'ont-ils déjà dit ? Au moment où ils t'envoient au lit, ils rêveraient souvent d'y aller aussi !

Pourquoi on est obligé de faire la sieste certains jours ?

Quand on n'a pas assez dormi la nuit d'avant, on a un coup de fatigue au milieu de la journée. C'est encore plus vrai quand il fait chaud ou qu'on a bien mangé à midi. Dans ce cas, quel bonheur de pouvoir dormir un peu, ou au moins se reposer avec un livre ! Ensuite, on vit l'après-midi à fond, avec des piles toutes neuves...

Pourquoi quelquefois je fais des cauchemars ?

On dit que la nuit est faite pour se reposer, mais certaines fois il t'arrive des aventures terrifiantes ! D'où viennent ces cauchemars qui t'attaquent ?

Quand tu dors, ton cerveau ne s'éteint pas. Il fait du rangement dans tout ce que tu as vu et appris pendant la journée, pour qu'au matin ta tête soit encore mieux organisée. C'est merveilleux, non ?

Seulement, quand tu as vécu des choses qui t'ont bousculé ou qui t'ont fait peur, ton cerveau a besoin de se défouler. Il se re-raconte ces histoires pour les apprivoiser et s'en débarrasser. Mais il a beaucoup d'imagination, alors il se les raconte autrement : il invente des monstres, des films incroyables ! Comme tu dors, tu ne peux pas te dire : « Tout ça, c'est du cinéma. » Et tu te réveilles en hurlant, avec l'impression de courir un grand danger ! Un mauvais rêve n'est jamais confortable, mais puisqu'il sert à te débarrasser de petites et grandes angoisses, il ne faut pas trop lui en vouloir...

Qu'est-ce que je peux faire avec mon cauchemar ?

Si tu te souviens de ton cauchemar, raconte-le à tes parents au réveil. C'est une manière de l'enfermer dans une cage pour qu'il ne puisse plus t'embêter ! Tu peux aussi le dessiner : c'est une autre façon de le rendre inoffensif. Parfois, le même cauchemar revient plusieurs fois. Il ne faut pas te décourager et croire qu'il t'attaquera toujours : à force d'en parler et d'en rire avec tes parents pendant la journée, tu finiras par lui tordre le cou !

Qu'est-ce que je peux faire quand j'ai peur du noir ?

Si le noir aggrave tes cauchemars, allume ta lumière pour vérifier qu'il n'y a aucun monstre sous ton lit ou dans tes placards ! Et si cela ne suffit pas, parles-en à tes parents. Peut-être que tu pourras laisser la lumière du couloir allumée la nuit, ou avoir une veilleuse dans ta chambre, pour que l'obscurité ne soit pas complète... jusqu'à ce que tu ne fasses plus autant de cauchemars, ce qui finira forcément par arriver !

Pourquoi je ne peux pas toujours faire ce que je veux ?

Il y a des jours où tu trouves tes parents trop sévères, à te donner plein de règles. Tu rêverais d'être plus libre !

Si tes parents te fixent des limites, c'est d'abord parce que ton corps lui-même a des limites. Il est capable de te rendre d'immenses services... si tu ne lui demandes pas l'impossible ! Quand tu veux faire des choses dangereuses ou mauvaises pour ta santé, c'est normal que tes parents t'en empêchent.

Ils t'aident à choyer ton corps pour qu'il reste plein de vie. Et puis, tu ne vis pas seul – heureusement – mais entouré par plein de gens. Vivre ensemble est une grande chance... qui demande des efforts pour partager et faire attention aux autres. Avec eux, tu ne peux pas faire n'importe quoi : évite toujours les attitudes injustes ! Par exemple, garder une balançoire pendant des heures, couper la parole, prendre un jouet qui ne t'appartient pas... c'est tentant, parfois, mais ce serait injuste. Les autres ont le droit de vivre et d'être aussi heureux que toi...

Pourquoi on doit obéir ?

Même quand on est adulte, on doit respecter les lois qui organisent la vie d'un pays, protègent chaque habitant, empêchent les plus forts d'écraser les plus faibles et mettent tout le monde à égalité. Obéir, ce n'est pas suivre bêtement des règles, c'est permettre à tout le monde de vivre en paix.

Est-ce qu'il faut toujours obéir ?

Si tu as l'impression que tes parents te demandent quelque chose d'injuste, parles-en avec eux. Quand tu auras compris leurs raisons, ça t'aidera à obéir. C'est mieux que de désobéir sans rien dire, ce qui les fâcherait ! N'obéis qu'à des adultes que tu connais et en qui tu as confiance. Si quelqu'un te demande des choses bizarres, parles-en d'abord à tes parents avant de l'écouter !

Est-ce que je peux réparer une bêtise grave ?

Quand tu désobéis, tu fais de la peine autour de toi et, parfois, tu provoques de gros dégâts. Le mieux est de commencer par demander pardon pour montrer que tu as compris et que tu ne recommenceras pas… Ensuite, tu peux toujours aider à réparer la bêtise : avec tes mains quand c'est possible, sinon avec ta gentillesse. En dépensant du temps et des efforts pour réparer une bêtise, tu pourras l'effacer !

Pourquoi je ne peux pas avoir tout ce que je veux ?

Quand tu entres dans un magasin de jouets, tu voudrais bien en ressortir avec trois caddies débordants. Quand tu vas chez une amie, tu rêves d'avoir chez toi tous les jeux merveilleux que tu vois dans sa chambre… Pourtant, c'est impossible, malheureusement : cela coûterait trop d'argent à tes parents !

Mais pourquoi « malheureusement », au fait ? Tu es déjà tellement gâté ! Si tu avais mille jouets en plus, est-ce que tu serais mille fois plus heureux ? Tu n'aurais même pas le temps de profiter de chacun d'eux. Le bonheur, ce n'est pas de posséder des tonnes de choses. C'est d'être capable de savourer toutes les chances que la vie te donne. Si tu sais te réjouir de tout ce que tu as déjà (une jolie chambre, de beaux jouets, mais surtout une famille et des amis qui t'aiment), tu seras content des trésors que tu as, et tu ne rêveras pas d'en avoir toujours plus !

Est-ce qu'on peut tout acheter si on a beaucoup d'argent ?

Les gens les plus riches du monde peuvent s'acheter les plus belles choses qu'on trouve dans les magasins. Mais il y a beaucoup de trésors qui ne sont pas en vente : l'amour d'une famille, l'intelligence, la santé, la bonté… tout ce qui compte le plus dans une vie. Pour ces choses, les riches et les pauvres sont égaux : un pauvre peut même être plus riche en amitié et en bonheur qu'un riche !

Comment on sait si on est riche ou pauvre ?

Être pauvre, c'est manquer de choses indispensables : de la nourriture tous les jours, de vêtements, d'une maison, du chauffage pour résister au froid en hiver…
Tant que tu as tout cela, tu n'es pas pauvre.
Quant aux richesses, on peut en avoir plus ou moins.
Certaines personnes sont très riches ; d'autres (plus nombreuses) sont un peu riches, ce qui suffit déjà largement pour bien vivre.

Pourquoi je n'arrive pas à arrêter ma colère parfois ?

Quand tu es trop contrarié, la colère t'envahit. C'est comme un orage : ça fait du bruit (tu cries, tu pleures), et ça peut même faire des dégâts si tu casses quelque chose ou que tu te fais mal par des gestes brusques ! C'est difficile de sortir de cette tempête… Tu n'arrives pas à te calmer pour expliquer ton problème. Tu es trop agité pour entendre la petite voix de la raison te dire : « Arrête de t'énerver, ça ne sert à rien ! » Et puis, plus tu es en colère, plus les adultes sont sévères, et plus tu te renfermes…

Mais une colère ne résout rien. En plus, ça peut pousser à dire des choses méchantes qu'on regrette après, parce qu'on ne les pense pas vraiment… Alors, essaie quand même d'écouter ta raison. Essaie de comprendre pourquoi on te demande la chose qui t'a mis dans cet état-là ou tâche d'expliquer calmement ce qui ne va pas. Ça pourrait t'aider et faire revenir la paix dans ton cœur. Et ça serait plus confortable… que de rester enfermé dans la colère.

Pourquoi est-ce que je suis fatigué après une colère ?

La colère est une émotion violente pour ton corps. Ton cœur bat vite, tu as chaud, tu es tendu, tes muscles sont contractés. Les cris fatiguent ta gorge et les larmes gonflent tes yeux. Résultat : quand tu retrouves ton calme, tu as l'impression de sortir d'une séance de sport ! Mais il y a des sports plus rigolos : si tu veux devenir champion, mieux vaut l'être au foot ou à la piscine qu'en concours de colères !

Est-ce que c'est vraiment mal de piquer une colère ?

Il y a des colères qui sont de vrais caprices : on les pique sans raison et on empoisonne la vie de tout le monde. Il y a aussi des colères qui éclatent trop souvent : c'est bien d'apprendre à se dominer pour éviter de s'énerver dix fois par jour ! Mais une colère peut être parfois bonne pour des choses importantes. Si on a l'impression d'être traité injustement, par exemple, une colère permet de le montrer. C'est mieux que de bouder ou de se révolter dans sa tête sans rien dire. Mais attention, même une colère juste ne doit pas devenir une tornade !

Pourquoi je suis obligé d'aller à l'école 

En France et dans beaucoup d'autres pays, l'école est obligatoire. Tes parents n'ont pas le choix : ils doivent t'y envoyer. Mais ils le font surtout parce qu'ils savent que l'école, c'est la chance de ta vie, et pas seulement pour y rencontrer des amis.

Bien sûr, l'école te demande des efforts. À partir du CP, le travail s'invite même à la maison : tu dois faire des devoirs le soir ! Mais le « mal » que tu te donnes est en fait un grand bien. Chaque leçon apprise fait grandir ton intelligence.

Tu es né avec mille capacités qui ressemblent à des graines plantées dans la terre. Si tu ne les faisais pas pousser, elles resteraient toujours cachées et inutiles... Heureusement, l'école est là pour jardiner ces dons que tu as en toi. Par ton travail, tu les développes sans arrêt. Et un jour, au bout de tous ces progrès, tu pourras avoir un beau métier. Alors, vive l'école !

Qu'est-ce que je peux faire si je n'aime pas l'école ?

Souvent, si on n'aime pas l'école, c'est parce qu'on n'arrive pas à comprendre ou à se concentrer. Alors on a de mauvaises notes et c'est très décourageant… Si tu es dans ce cas, parles-en à tes parents pour chercher quelqu'un qui puisse t'aider : quand tu auras trouvé les bonnes méthodes pour travailler, l'école ne sera plus une corvée !

Pourquoi les parents ne vont pas à l'école ?

En France, l'école est obligatoire jusqu'à 16 ans : ton papa et ta maman y sont allés pendant de nombreuses années. Ensuite, ils ont fait des études pour apprendre un métier. Aujourd'hui, s'ils te quittent à la porte de l'école, ce n'est pas pour ne rien faire ! Eux aussi, ils travaillent : ils ont des responsabilités, qui leur demandent des efforts mais leur apportent aussi de la joie.

Est-ce que tous les enfants du monde vont à l'école ?

Non ! Dans certains pays, l'école n'est pas obligatoire et beaucoup d'enfants n'y vont pas. Mais ils ne sont pas en vacances pour autant : ils travaillent tout petits à des métiers pénibles. Ils seraient plus heureux d'aller en classe comme toi !

Pourquoi je ne peux pas regarder tout le temps la télé ?

La vie est belle parce qu'elle t'offre des plaisirs variés. Chaque journée ressemble à un puzzle à pièces multiples : du travail, des jeux, du sport, de la lecture, du repos… et de la télé. Mais si tu vivais ta journée avec seulement le morceau « télé », ton puzzle aurait plein de trous !

La télévision oublie de te faire bouger. Si tu forçais ton corps à rester trop assis, tu aurais des muscles mous et tu ne grandirais pas bien ! La télé oublie de développer ton imagination. Quand tu lis une histoire, ton cerveau invente les personnages et les décors… Mais devant un film, il peut jouer au paresseux, puisque toutes les images sont là. Et tes amis ? Si tu passais ton temps devant la télé, tu ne profiterais plus d'eux ! Et puis… quand travaillerais-tu pour faire grandir ton intelligence, ta curiosité, tes qualités ?

Bref : une émission de temps en temps, c'est le bonheur. Alors qu'une télé allumée trop souvent t'empêcherait de savourer les autres bonheurs de la vie !

Qu'est-ce qui est bien pour les enfants à la télévision ?

Il y a des émissions faites pour toi, qui passent souvent le mercredi. Tu peux aimer les films qui font rire ou rêver, les dessins animés, les documentaires qui t'apprennent mille choses sur les sciences et sur le monde. Mais les programmes sont aussi remplis de films pour adultes : ceux-là peuvent te faire peur, te mettre mal à l'aise, ou juste t'ennuyer parce que tu n'y comprends rien. Alors, n'allume pas la télé tout seul... L'avis de tes parents est important !

Pourquoi c'est si difficile d'éteindre la télévision ?

Parce qu'un film est toujours fascinant avec ses images qui défilent, ses bruitages, et même ses pubs rigolotes ! En plus, la télévision est très forte : quand une émission est finie, une autre commence aussitôt, et elle te donne envie d'enchaîner. Sois courageux, accepte quand même d'éteindre, pour montrer que tu es encore plus fort que la télé !

Qu'est-ce que je peux faire quand je ne sais pas quoi faire ?

Il y a des jours où tu ne manques jamais d'idées pour enchaîner les jeux. Et d'autres jours où tu tournes en rond... Comment alors sortir de l'ennui ? Si tu as près de toi des parents, une sœur, un frère disponible, demande-leur de jouer avec toi. À plusieurs, adieu l'ennui !

Si tes parents sont d'accord, vous pourriez sortir un livre de recettes et faire un gâteau ensemble. Ça change, et vous aurez un bon dessert pour ce soir ! Tu peux aussi demander à sortir, même s'il ne fait pas beau : prendre l'air, ça défoule et ça chasse l'ennui. Il y a tellement de choses à voir dehors !

Les jours où personne n'est là pour partager tes jeux, prends un livre, du papier à dessin, un puzzle ou un autre jeu tranquille qui occupera tes mains et ta tête. Parfois, on ne sait pas quoi faire parce qu'on n'a plus envie de rien.

Allonge-toi trois minutes pour rêver, penser à des choses drôles ou simplement te reposer. Si tu t'ennuies, c'est peut-être que tu es fatigué : le calme rechargera tes batteries !

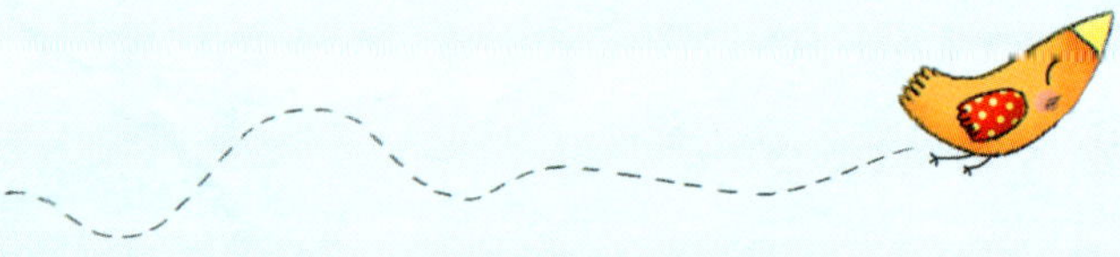

Est-ce que c'est grave de s'ennuyer ?

Parfois, il est bon de ne rien faire : ça donne le temps de réfléchir… et d'inventer de bonnes idées pour recommencer à jouer ! Mais si tu t'embêtes tout le temps, ou si l'ennui te met de mauvaise humeur, c'est dommage. Dans ce cas, parles-en avec tes parents et cherche avec eux de bonnes idées pour rebondir d'une activité à l'autre. La vie est trop belle et trop riche pour que tu laisses l'ennui la gâcher !

Pourquoi je ne peux pas toujours inviter des amis pour jouer ?

Quand tu invites un ami, c'est que tes parents sont disponibles pour l'accueillir. Or il y a des jours où ce n'est pas pratique pour eux de recevoir à la maison. Dommage ? Oui et non. Ça te fait du bien d'être seul, parfois. Si tu avais toujours tes amis avec toi, tu finirais par te disputer avec eux… Vivre séparés, cela permet de profiter beaucoup mieux de chaque instant passé ensemble !

Ma famille !

Est-ce que les parents aiment tous leurs enfants pareil ?

« Pareil » n'est pas le bon mot. Tes parents t'aimeraient pareil que tes frères et sœurs si vous étiez tous pareils ! Mais vous êtes très différents, heureusement : chacun a son caractère et ses qualités.

En revanche, tes parents vous aiment autant les uns que les autres. Ils ont fait naître chacun d'entre vous par amour. Et quand on aime, on ne juge pas, on n'a pas de préférence. Entre frères et sœurs, on a parfois l'impression de ne pas être traités à égalité : on s'imagine que papa s'entend mieux avec l'aîné ; on trouve que maman passe trop de temps avec le bébé ou qu'elle cède à tous ses caprices... mais c'est une impression trompeuse. L'amour n'est pas un gâteau dont on pourrait donner une part plus grosse à certains ! En fait, c'est très curieux l'amour des parents : ils le donnent tout entier à chacun de leurs enfants, et pourtant il en reste toujours plein pour les autres. Ils les aiment tous d'une façon unique.

Que faire si j'ai l'impression que mes parents me grondent plus que les autres ?

N'hésite pas à leur en parler, pour ne pas souffrir ni devenir jaloux : ça te gâcherait la vie.
En discutant avec tes parents, tu verras qu'ils t'aiment autant que les autres et qu'ils ont confiance en toi.
Cela leur fera du bien à eux aussi de te dire leur amour… et de t'expliquer pourquoi ils sont sévères, parfois, pour ton bien et parce qu'ils t'aiment !

Est-ce que c'est vrai que papa et maman m'aimeront toujours ?

Quand tu es né, tes parents ont écrit ton nom dans leur cœur avec un stylo qui ne s'effacera jamais. Tu ne ressembles déjà plus au bébé qu'ils ont aimé dès le premier jour, et tu vas encore beaucoup grandir et changer. L'amour de tes parents, lui, ne changera pas… ou plutôt, si : il grandira avec toi !

Pourquoi ce n'est pas toujours facile de vivre avec ses frères et sœurs ?

Bien sûr, tu adores tes frères et sœurs, et tu ne peux pas imaginer à quoi ressemblerait la maison sans eux. Mais il y a des moments où ils t'énervent énormément !
Les petits dérangent tes jeux et t'embêtent quand tu veux rester tranquille ; les grands te commandent ou te font des réflexions... Et puis, tout simplement, vous êtes différents et donc pas toujours d'accord. Cela arrive dans toutes les familles !
C'est vrai, ce n'est pas évident de partager la vie quotidienne. Peut-être qu'il y a des moments où tu voudrais avoir tes parents et ta maison pour toi tout seul. Mais le moment d'après, tu te rends compte que c'est quand même une grande richesse de vivre entouré par tes frères et sœurs. Ils te bousculent, mais ils t'offrent aussi une grande complicité. Et ce qui est merveilleux, c'est que votre amour peut grandir avec le temps : ta famille est un trésor sur lequel tu pourras compter toute la vie.

Qu'est-ce qu'on peut faire pour éviter les disputes avec ses frères et sœurs ?

Tu connais bien chacun de tes frères et sœurs, et tu sais ce qui les énerve. Alors, peut-être que tu peux éviter les attitudes qui vont forcément les blesser ou les mettre en colère ? Ne leur fais pas remarquer que tu es en train de jouer avec le jeu qu'ils préfèrent, par exemple...
On peut toujours faire le maximum pour ne pas provoquer les autres !

Comment faire si on se fait gronder injustement ?

C'est tentant de rapporter, et en même temps tu sais que ce n'est pas très joli... Pourtant, si ton frère ou ta sœur a fait une bêtise et que tu es puni à sa place, tu peux le dire. Demande d'abord au coupable de se dénoncer lui-même : ce sera encore plus chouette de ta part. Mais attention : si les torts sont partagés, la gronderie est juste, même si tu t'estimes moins coupable que les autres. Quand on fait des bêtises ensemble, on est responsables ensemble !

Pourquoi les grands doivent être gentils avec les petits ?

Si tu as des petits frères et sœurs, ou si tu es chez les grands de ton école, tu entends souvent les adultes te demander de faire attention aux plus jeunes. D'abord, parce que les tout-petits sont plus fragiles que toi : si tu essaies de chahuter avec eux en employant ta force de grand costaud, tu risques de leur faire mal, même sans le vouloir !

Surtout, les petits ont besoin de ton aide pour progresser. Ils sont encore un peu maladroits et savent faire beaucoup moins de choses que toi. Mais si tu les félicites quand ils font des efforts, si tu leur laisses ta place sur le toboggan ou la balançoire pour qu'ils puissent essayer, si tu es souriant et encourageant, ils vont faire des tas de progrès grâce à toi. Et toi, tu te sentiras encore plus grand parce que tu les auras fait grandir : bravo et merci pour eux !

Qu'est-ce qu'on peut faire quand les petits nous énervent ?

Ce n'est pas la peine de les bousculer !
Le mieux est de se mettre à l'écart. Tu as le droit de fermer la porte de ta chambre (sans leur coincer les doigts !) ou de demander à tes parents de les tenir éloignés. Explique aux petits que tu as besoin d'un moment de tranquillité ou de te retrouver avec des grands... mais sans les traiter de nuls, de minus et de rikiki, même si tu es très énervé !

Pourquoi les petits ne veulent pas faire tout ce que leur demandent les grands ?

Un petit – même un bébé – n'est pas une poupée mais une personne. Cela veut dire qu'il a déjà son caractère. Il y a des choses qu'il aime, d'autres qu'il déteste. Il y a des moments où il est de bonne humeur, et d'autres où il ne faut pas le titiller, parce qu'il est fatigué, comme les grands. Voilà pourquoi il n'obéit pas toujours, surtout vers l'âge de 2 ou 3 ans, où il est spécialement fier de savoir dire non !

Pourquoi papa et maman veulent tout le temps que je sois poli ?

Cela t'agace parfois de devoir saluer des gens sans arrêt : bonjour madame, au revoir monsieur… À table, tu ne vois pas l'utilité de dire merci dès qu'on t'offre un verre d'eau. Sans parler de tous les autres gestes que tes parents te demandent !

Ces « bonnes manières » exigent de petits efforts en vue d'une grande récompense : celle d'être un garçon ou une fille formidable avec qui on a envie de vivre. Ta politesse rend les gens heureux autour de toi. Même les personnes pas très aimables seront touchées par ta gentillesse… et deviendront alors plus agréables !

Quand tu dis un mot gentil, même à une personne que tu ne connais pas bien, c'est une manière de reconnaître son existence et son importance. On a de la chance de vivre entouré de gens plutôt que d'être tout seul ! Cette chance vaut la peine qu'on remercie les autres d'être là, en étant aimable plutôt que grognon. Non ?

Est-ce que je suis obligé de faire des bisous pour dire bonjour ?

Avec les gens de ta famille, les bisous sont importants : ils expriment ton affection. Quand tu es invité chez des amis, c'est gentil de les embrasser ainsi que leurs parents, pour montrer ta joie de les retrouver. Mais tu n'es pas obligé d'embrasser tes copains chaque matin à l'école. Et, surtout, tu n'as pas à faire des bisous à des gens que tu connais peu. Il suffit de leur dire bonjour d'une voix qui s'entend bien, avec un sourire, et en les regardant pour montrer que tu fais attention à eux.

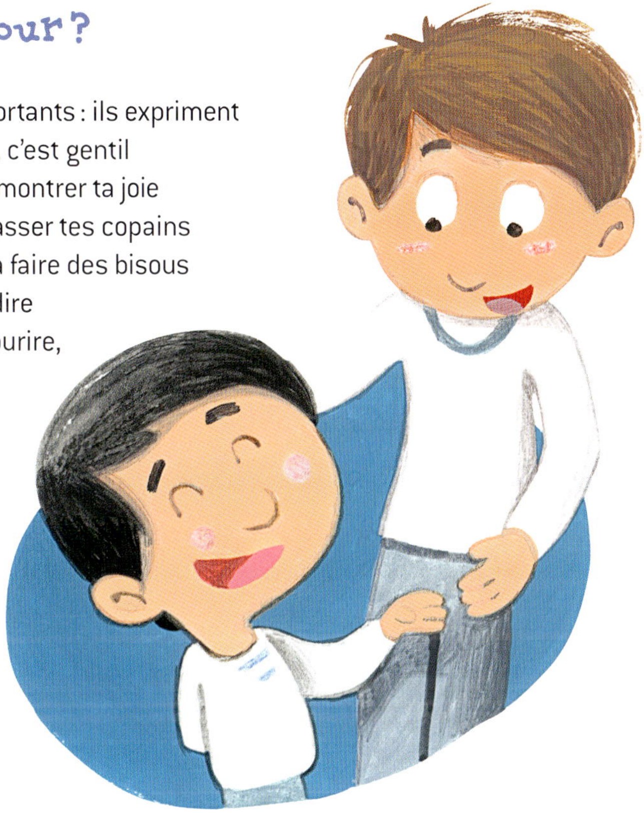

Comment je fais pour être poli si je suis très timide ?

C'est vrai, la timidité peut donner envie de s'enfuir loin des gens. Pourtant, si tu fais cela, ils vont croire que tu es de mauvaise humeur et que tu boudes. Ce serait faux et trop dommage ! Alors, fais un effort pour les regarder… puis pour leur sourire… et enfin pour leur dire un mot gentil. L'habitude viendra vite. Et même, quand tu verras comme ça fait plaisir à tout le monde, tu ne pourras plus te passer d'être poli !

Pourquoi je dois partager ?

Tu trouves parfois difficile de partager tes jeux avec tes frères et sœurs. Mais imagine que chacun de vous ait le même jouet rien que pour lui : la maison serait pleine d'objets tous pareils. Quel ennui ! Vous n'auriez même plus envie de jouer ! Le partage, au contraire, donne de l'intérêt aux choses, parce qu'on est obligé de s'en séparer un moment pour mieux y rejouer ensuite. Il permet aussi d'inventer des jeux ensemble, autour du même objet. C'est plus drôle que de rester chacun dans son coin. Tu partages tes jeux, tes repas, ta chambre parfois, et tes parents aussi !
À l'école, tu partages la cour de récréation, la classe et la maîtresse qui doit s'occuper de tous les élèves à la fois. C'est fou tout ce que tu partages avec d'autres personnes, et c'est merveilleux ! Chaque geste de partage peut te rappeler que tu as la chance de vivre bien entouré. C'est ce qui fait la richesse de la vie.

Pourquoi on n'a pas envie de partager ?

Cela demande un effort de se séparer d'un objet, ou d'accepter d'attendre son tour pour en profiter. On aimerait tellement avoir tout, tout de suite, et pour toujours ! Tu sais, les adultes aussi trouvent parfois difficile d'être généreux. L'important, c'est que le partage devienne une habitude dans ta vie, et que tu te souviennes qu'il rend tes rapports avec les autres plus beaux et plus faciles.

Quand je partage, est-ce que je perds quelque chose ?

Si tu reçois un paquet de gâteaux et que tes parents te demandent de le partager, tu en as forcément moins à manger. Mais ta générosité fait tellement plaisir autour de toi ! Comme récompense, tu as la joie d'être considéré comme quelqu'un de généreux, qui fait de la place aux autres dans son cœur. Ça ne vaut pas la peine de manger quelques gâteaux en moins et d'avoir des amis en plus ?

Pourquoi c'est difficile de demander pardon ?

Puisque ça arrive à tout le monde, ça t'arrive à toi aussi de mal te conduire. Tu as donné un coup à quelqu'un, tu lui as fait de la peine, tu as commencé une dispute... Pourtant, tu n'as pas envie de demander pardon, parce que c'est difficile de reconnaître ses torts. Tu as l'impression de devoir te faire tout petit ! Comme chacun, tu as de l'« amour-propre » : tu t'aimes bien, tu sais que tu as de grandes qualités. Demander pardon fait mal à ton amour-propre, parce que cela te force à reconnaître que tu as aussi des défauts.
Mais en demandant pardon, sais-tu que tu te montres grand, beaucoup plus grand que ta bêtise ? La personne que tu as blessée sait que ça te demande plein de courage de lui présenter tes excuses. Alors, elle va te pardonner de bon cœur... et grâce à ce geste difficile, tout redeviendra léger entre vous.

Et quand on n'arrive pas à pardonner ?

Si quelqu'un t'a fait beaucoup de mal, ça peut être difficile de lui pardonner tout de suite, même s'il regrette son attitude. Ça ne sert à rien de faire semblant de pardonner si tu gardes au fond de ton cœur des sentiments de colère ou des envies de vengeance ! Dis à cette personne que tu apprécies qu'elle te demande pardon, mais que tu as besoin d'un peu de temps avant de lui dire « je te pardonne ».

Qu'est-ce que je peux faire si celui à qui j'ai fait du mal ne veut pas me pardonner ?

Tu ne peux pas l'obliger à effacer tout de suite de sa tête ce qui s'est passé entre vous. Mais, par ta gentillesse, tu peux l'aider à se rendre compte que tu es vraiment désolé. Essaie de trouver toutes les occasions d'être sympa avec lui ! Avec le temps, il sera de moins en moins fâché contre toi, et il finira par te pardonner de bon cœur.

Pourquoi ma copine a le droit de faire certaines choses et pas moi ?

Ta copine regarde la télé au goûter, elle a le droit de se mettre du vernis à ongles ou de faire du roller… et pas toi. Tu peux donc croire qu'elle est plus gâtée que toi. Pourtant, est-ce vrai ?

L'éducation (ce que font tes parents pour t'aider à grandir) est différente dans chaque famille. Tous les parents du monde ne font pas pareil ! Les règles que papa et maman te donnent, ils les ont trouvées au fond de leur cœur. À leurs yeux, ce sont les meilleures pour te faire grandir et t'épanouir.

Les parents de ta copine sont différents. Cela ne veut pas dire que ton amie a le droit de tout faire : tu ne t'en rends peut-être pas compte, mais ses parents lui demandent aussi de respecter certaines règles. Alors, ce n'est pas la peine de se comparer. L'essentiel est de savoir que chaque famille a ses lois. Et que ces lois ont pour but d'aider chaque enfant à devenir quelqu'un de très bien.

Pourquoi on trouve que c'est mieux chez les autres ?

Chez tes amis, il y a des jeux nouveaux et d'autres habitudes qui te semblent plus chouettes que ceux que tu connais par cœur. Tes copains ont la même impression quand ils viennent chez toi : ils trouvent que c'est mieux ! Et puis, tu es traité comme un invité, avec une gentillesse particulière. Du coup, tu peux avoir l'impression que les parents de tes copains sont moins sévères que les tiens. Mais même si tu ne le vois pas, ils ont aussi leurs exigences à l'égard de leurs enfants !

Est-ce que c'est possible de changer de famille ?

Ce changement est réservé à des cas très graves où les enfants sont maltraités par leurs parents. Mais toi, tu as des parents qui s'occupent très bien de toi et qui t'aiment tendrement. Et tu sais, même si on te proposait de choisir une nouvelle famille, tu n'en trouverais pas de meilleure que la tienne, et tu reviendrais vite chez papa et maman !

C'est grave si papa et maman se disputent parfois ?

Quand on vit ensemble tous les jours et depuis des années, comme ton papa et ta maman, c'est normal de se chamailler quelquefois. On n'est pas d'accord sur tout. Il y a des jours où l'on trouve que l'autre exagère... et aussi des jours où on est pressé ou très fatigué, alors on réagit plus mal !
Tu n'es jamais fâché contre les gens que tu aimes, toi ? Même quand tu es énervé ou fatigué ?
Lorsque papa et maman se disputent, il ne faut pas avoir peur. Ça te rend peut-être triste de les voir comme ça, mais dis-toi que ce serait surtout grave s'ils ne se disaient pas les choses. Quand on est énervé, il faut savoir le montrer : comme ça, chacun peut faire des efforts, et tout va mieux ensuite. Un papa et une maman qui s'aiment se réconcilient vite, et ils s'aiment encore plus fort après parce qu'ils ont su se demander pardon.

Qu'est-ce qui se passe quand les parents n'arrivent plus à vivre ensemble ?

Ils peuvent choisir de se séparer pour un temps, ou de divorcer. Divorcer, c'est demander à un juge d'annuler le mariage. Dans ce cas, les parents n'habitent plus au même endroit, et les enfants partagent leur temps entre les deux maisons. Mais les parents, même séparés, continuent à aimer leurs enfants pour toute la vie. De toute façon, ce n'est jamais la faute d'un enfant si son papa et sa maman divorcent.

Est-ce qu'un papa et une maman peuvent s'aimer toujours ?

Bien sûr ! Tu as sûrement déjà vu un feu qui brûle : si on remet toujours du bois, il ne s'éteint jamais. L'amour, c'est un peu pareil. Si on ajoute tous les jours de la tendresse, des sourires, de la gentillesse et des petits efforts quand ça ne va pas, l'amour peut durer toute la vie, malgré les disputes bien normales. C'est pour cela que tu vois parfois des papis et des mamies qui ont l'air d'avoir presque 100 ans et qui se tiennent encore par la main !

Pourquoi papa et maman doivent travailler ?

Le métier de tes parents les occupe souvent beaucoup. Ils rentrent tard, te laissent déjeuner à la cantine et ne peuvent pas toujours partir en vacances avec toi… Alors, tu aimerais parfois qu'ils oublient d'aller au travail !

Mais c'est formidable qu'ils aient un métier ! D'abord, ça leur permet de gagner de l'argent, et donc de te donner une maison, des jeux, de quoi manger tous les jours et des habits neufs quand tu grandis !

Leur métier est important aussi pour une autre raison : quand ils partent travailler, tes parents savent qu'ils vont rendre service à beaucoup de gens. Tous les métiers sont utiles. Par son travail, chaque grande personne rend le monde plus riche, plus beau. N'hésite pas à poser des questions à tes parents sur leur métier. Ils t'expliqueront pourquoi il est important, pourquoi ils y passent tant de temps. Mais une chose est sûre… tu comptes bien plus pour eux que ce qu'ils font, et même quand ils travaillent, ils ne t'oublient pas !

Ma maman reste à la maison : pourquoi elle ne travaille pas ?

Comment cela, elle ne travaille pas ?
Elle passe ses journées entières à s'occuper de ta famille !
C'est un vrai métier qui demande plein de forces,
de talents et d'amour. Merci, maman !

Est-ce que c'est grave, le chômage ?

Le chômage est une période où on n'a pas de travail et où on en cherche un.
Rester longtemps au chômage, c'est difficile à vivre pour un papa ou une maman :
ils ont besoin de toute la tendresse de leur famille pour les aider.
Mais il existe des centres qui aident les chômeurs à retrouver du travail, et qui leur versent de l'argent tant qu'ils ne travaillent pas pour qu'ils puissent vivre.

Pourquoi on doit quitter son papa et sa maman quand on est grand ?

Pour l'instant, tu as besoin de tes parents tous les jours. Et comme tu les aimes très fort, tu ne peux pas imaginer les quitter !

Quand tu auras beaucoup grandi, en taille et en connaissances, tu verras les choses autrement. Tu auras envie de vivre ta vie à toi, peut-être avec quelqu'un dont tu seras amoureux. Tu auras un métier et tu souhaiteras être papa ou maman à ton tour. C'est une merveilleuse aventure de devenir adulte. À ce moment-là, personne ne te forcera à quitter ta maison : c'est toi qui seras décidé à partir pour aller découvrir le monde !

Mais cette séparation est pour dans très longtemps. Même quand tu auras 18 ans (l'âge où la loi te déclare majeur, c'est-à-dire adulte), tu vivras peut-être encore dans ta famille, comme beaucoup de gens de cet âge-là ! Tu vois... cela te laisse de longues années pour vivre bien au chaud entre papa et maman.

Est-ce qu'on est triste quand on quitte son papa et sa maman ?

Même si on est grand et donc prêt à se débrouiller seul, c'est un départ qui change la vie : on se sent tout drôle au début ! On peut avoir un léger pincement au cœur, mais c'est surtout très excitant de commencer une nouvelle vie et d'avoir un petit nid douillet rien qu'à soi. Et puis, on peut revenir chez ses parents, surtout les premiers temps... et on continue à les aimer de tout cœur malgré la distance.

Et mes parents, ils seront tristes sans moi ?

La maison leur paraîtra peut-être vide ! Mais ne t'inquiète pas pour eux. Depuis ta naissance, ils savent qu'ils ne vont pas te garder jalousement pour toujours. Leur grand rêve, c'est que tu traces ta route, que tu mènes une vie heureuse, et que tu répandes le bonheur autour de toi, dans la famille que tu fonderas à ton tour. Ils seront donc prêts à te voir partir le jour où tu auras grandi... et ils se prépareront à devenir des grands-parents merveilleux pour tes enfants !

Pourquoi on ne peut pas se marier avec son papa ou sa maman ?

Si tu es une fille, tu trouves peut-être que ton papa est le plus beau et le plus fort… surtout à côté des garçons de ta classe qui te paraissent bien petits. Si tu es un garçon, tu admires beaucoup ta maman… à côté des filles de ton âge qui font parfois des chichis !
Malgré cette préférence pour papa ou maman, c'est avec une autre personne que tu te marieras plus tard. Dans aucun pays, à aucune époque, des parents et des enfants ne se sont mariés ensemble. Entre eux, il y a une grande tendresse, mais ce n'est pas l'amour des amoureux. Papa a déjà trouvé son amoureuse et maman son amoureux, quand ils ont choisi de vivre ensemble !
Toi aussi, un jour, tu rencontreras une personne extraordinaire qui aura à peu près ton âge et avec qui tu voudras vivre toute ta vie. Quand ? Dans longtemps… Il faut lui laisser le temps de grandir ; et toi aussi, tu as besoin de longues années pour te préparer à devenir un papa ou une maman formidable !

Est-ce qu'on peut se marier avec ses frères et sœurs ?

Non plus ! Ce qui fait la richesse merveilleuse des amoureux, ce sont leurs différences : ils n'ont pas la même histoire, pas la même éducation, pas les mêmes habitudes. C'est ce qui leur permet de se compléter et de connaître et comprendre beaucoup plus de choses !

Est-ce que c'est mal d'avoir envie de se marier avec son papa ou sa maman ?

Non, parce qu'en fait tu aimes ton papa ou ta maman très fort, mais avec un cœur d'enfant et pas un cœur d'amoureux. Et tu verras, tu découvriras très vite qu'il y a dans le monde des garçons qui sont de vrais princes charmants, des filles qui sont de vraies princesses... Tu n'auras plus envie de te marier avec ton papa ou ta maman, même si tu les trouveras toujours formidables !

Qu'est-ce que ça veut dire « être adopté » ?

Parfois, des parents qui ont donné la vie à un bébé ne peuvent pas le garder. Alors, ils le confient à un orphelinat. Là, des personnes s'occupent du bébé et lui trouvent une autre famille. Bientôt, de nouveaux parents viennent chercher le bébé et l'accueillent dans leur famille pour toujours : on dit qu'ils l'adoptent. Cet enfant, venu parfois d'un autre pays, ne leur ressemblera pas, mais ça ne les empêchera pas de s'aimer.

Si tu connais un enfant adopté, tu sais qu'il appelle ses parents « papa » et « maman ». Ce ne sont pas des parents de remplacement. La loi les reconnaît comme les vrais parents... et l'enfant aussi, ce qui est encore plus important. Un jour, il se posera sans doute des questions sur ses parents d'origine. Devenu grand, il voudra peut-être essayer de faire des recherches sur eux. C'est normal de vouloir comprendre le mystère de sa naissance ! Mais il continuera à aimer ses parents adoptifs, qui l'aimeront aussi toujours de tout leur cœur.

Pourquoi quelquefois une maman abandonne son bébé ?

C'est toujours très dur pour elle de se séparer de son bébé. Mais parfois elle est trop jeune ou elle a été abandonnée par le papa du bébé, et elle n'a pas la force de l'élever seule. Parfois aussi, elle est pauvre ou malade, surtout dans les pays très pauvres. Il y a aussi des pays en guerre où les parents sont morts... Un enfant abandonné n'a pas un début de vie facile, mais, heureusement, il trouvera l'amour dans sa famille adoptive.

Si mon papa et ma maman meurent, qu'est-ce que je vais devenir ?

Rassure-toi : ce grand malheur ne devrait pas t'arriver ! Sinon, sache que dans notre pays un enfant n'est jamais abandonné. Souvent, des gens qu'il aime peuvent l'accueillir : ses grands-parents, ses oncles et tantes, son parrain ou sa marraine... Et si un enfant se retrouve vraiment sans famille, un orphelinat prendra soin de lui.

Est-ce que des parents peuvent adopter un enfant s'ils ont déjà d'autres enfants ?

Bien sûr ! Souvent, les parents qui adoptent ne peuvent pas attendre de bébé. Mais ils peuvent accueillir plusieurs enfants, qui deviendront frères et sœurs. Il y a aussi des parents qui ont déjà donné naissance à des enfants, mais qui décident d'élargir leur famille avec un enfant adopté.

Ainsi va la vie...

C'est quoi, un ami ?

Il y a des enfants que tu préfères aux autres : ce sont tes amis. Vous passez vos récréations ensemble, vous vous confiez des histoires et des secrets, vous vous consolez quand l'un de vous est triste et riez ensemble quand tout va bien. Tu aimes les inviter chez toi, et tu n'as pas de mal à partager tes jouets avec eux : pourtant, c'est difficile de prêter ! Cela montre que l'amitié est un sentiment très fort : c'est même l'un des plus beaux sentiments qui existent.

Il arrive quand même que tu te disputes avec tes amis. C'est normal, parce que vous passez beaucoup de temps ensemble et que vous avez chacun votre caractère. Quand on a un ami, il faut apprendre à accepter ses différences, à lui demander son avis, sans vouloir le commander. Après une dispute, il faut savoir lui demander pardon, ou lui pardonner si c'est lui le fautif. Tu vois : même ces moments difficiles font grandir l'amitié, et ils te font grandir, toi !

Comment je peux faire pour avoir des amis ?

Si tu déménages et que tu arrives dans une nouvelle école, ta bonne humeur t'attirera vite des amis. Même si tu es timide, tu peux sourire, participer aux jeux des autres, poser des questions pour montrer que tu es curieux de les connaître. Tu peux aussi les inviter chez toi, même si tu ne les connais pas encore bien. Tes nouveaux copains verront que tu es quelqu'un de formidable, et ils deviendront vite de vrais amis !

Et si mon ami ne veut plus être mon ami ?

Hélas, l'amitié ne dure pas forcément toute la vie. Et tu ne peux jamais forcer quelqu'un à rester ton ami. Pourtant, ne sois pas triste, la vie t'apportera bien vite un autre grand ami !
Mais es-tu sûr que ton ami ne veut plus de toi ? Il a peut-être seulement besoin d'avoir d'autres copains. Si on voit toujours la même personne, on risque de tourner un peu en rond.
Alors, ne sois pas jaloux : accepte que ton ami ait d'autres amis… et cherches-en toi aussi !

Ça fait quoi, quand on est amoureux ?

Tu connais bien le mot « amoureux », et pourtant il cache un grand mystère. Pourquoi est-ce qu'on tombe amoureux et comment le sait-on ?

Il n'y a pas tellement de réponse, parce que l'amour naît dans le secret du cœur ! Un jour, sans savoir pourquoi, on se met à préférer une personne à toutes les autres. On la trouve plus belle, plus intéressante, plus gentille. En sa présence, on a le cœur qui bat plus fort, on se sent à la fois timide et joyeux.

L'amour est un sentiment merveilleux, parce qu'il donne envie de devenir meilleur pour mériter l'attention de la personne qu'on aime. On se sent soudain de l'énergie, du courage, de la gentillesse en plus. L'amour est un immense bonheur… sauf quand il n'est pas partagé. Si la personne qu'on aime n'est pas amoureuse, on souffre forcément ! Heureusement, la vie permet beaucoup de rencontres, et on finit toujours par trouver une personne formidable avec qui on pourra construire un couple très heureux et peut-être se marier.

Est-ce que c'est avec lui ou elle que je me marierai plus tard ?

À ton âge, tu peux déjà avoir des sentiments forts pour un garçon ou une fille. Vous avez raison de passer du temps ensemble, puisque cela vous rend heureux. Mais continue de faire plein de choses avec tes autres copains. Tu as l'âge d'avoir beaucoup d'amis… sans penser tout de suite au mariage, cette magnifique aventure proposée aux adultes !

Ça veut dire quoi s'embrasser sur la bouche ?

Quand deux adultes veulent se dire qu'ils s'aiment, ils se font un baiser « spécial amoureux » où leurs bouches se rencontrent. On n'embrasse pas n'importe qui de cette manière, mais seulement la personne à qui on veut donner tout son amour, tout son respect, toute sa tendresse, quand on a l'âge de former un couple d'amoureux solide.

Pourquoi les filles et les garçons, ce n'est pas pareil ?

Si tu as des frères et des sœurs, tu es habitué depuis toujours à cette différence. Sinon, tu l'as découverte à l'école.

Il y a d'abord les différences physiques. À ton âge, c'est surtout le zizi qui distingue les garçons des filles. Plus tard, les hommes commencent à avoir une grosse voix, des poils sur les joues et des muscles plus forts. Les femmes ont la poitrine qui pousse et leur corps devient capable d'accueillir un bébé.

Mais les différences ne s'arrêtent pas au corps. Les garçons et les filles n'ont pas la même manière de voir le monde, de vivre leur vie, d'exprimer leurs sentiments... On ne sait pas se l'expliquer, car leurs cerveaux ne sont pas différents : c'est l'un des grands secrets de la nature humaine, et c'est merveilleux comme cela. Quelle chance de se découvrir différents et de se compléter pour vivre heureux ensemble !

Est-ce que c'est mieux d'être un garçon ou une fille ?

Les garçons et les filles ne sont pas pareils, mais ils sont absolument égaux : ce n'est pas mieux d'être l'un ou l'autre.
On mérite le même respect, la même admiration.
Et on n'a pas le droit de se croire meilleur ni de se moquer de l'autre sexe !

Est-ce qu'on peut se déguiser en fille quand on est un garçon ?

Sais-tu qu'autrefois tous les acteurs de théâtre étaient des hommes, et qu'ils mettaient des robes pour jouer les rôles des femmes ?
Personne ne les trouvait ridicules.
Au contraire, tout le monde les applaudissait !
On peut ajouter qu'une fille aussi a le droit de se déguiser en pirate ou en Robin des Bois.
Un déguisement, c'est juste un jeu pour rire : cela ne t'empêche pas d'être toi-même – fille ou garçon – dans la vraie vie.

Pourquoi c'est mal de taper, même quand on n'a pas commencé ?

Tu l'as peut-être déjà remarqué : quand tu tapes quelqu'un, il lève son poing pour te taper plus fort. Alors, tu lui donnes un coup de pied pour le taper encore plus fort... Et si personne n'arrive pour vous séparer, il va faire la même chose et vous allez finir avec des bleus, des bosses, et une grosse colère dans le cœur. Est-ce que ça s'appelle arranger les choses ?

Pour régler une dispute, il vaut mieux éviter la bagarre. Tu as d'autres moyens à ta disposition, parce que la nature t'a donné une belle intelligence ! Sers-toi plutôt d'elle pour t'expliquer calmement. Dites-vous ce qui ne va pas, échangez peut-être les objets qui ont provoqué la dispute ; essaie de comprendre celui qui t'embête, pour faire la paix avec lui. Tu peux aussi t'éloigner de lui s'il est vraiment trop en colère. En tout cas, rappelle-toi que la violence et la vengeance ne règlent rien et font toujours empirer les choses.

Est-ce que ce sont toujours les plus forts ou les plus grands qui gagnent ?

Non, ce sont souvent les plus futés. L'esprit est plus fort que les muscles, et quand on est un peu malin, on met toutes les chances de son côté. Le vrai gagnant, c'est toujours celui qui arrive à faire la paix. Parfois, ce sont aussi les gens les plus doux qui gagnent contre les plus forts. Connais-tu l'histoire de Gandhi ? Ce petit homme fragile qui refusait la violence a réussi à libérer son pays, l'Inde, occupé par le puissant royaume de Grande-Bretagne.

Pourquoi on dit des gros mots ?

Quand on est très fâché, les gros mots sortent tout seuls, et cela peut faire du bien de dire sa colère. C'est mieux que de la laisser bouillir au fond de soi... Mais les gros mots ne sont quand même pas très jolis, inutile d'en faire collection ! Et attention, il faut absolument s'interdire les insultes, c'est-à-dire les gros mots qui injurient une personne. Les insultes sont injustes et méchantes. Elles blessent celui à qui on les dit et lui donnent envie de se venger, ce qui n'est pas une solution !

Est-ce qu'on est obligé d'aimer tout le monde ?

Il y a des gens que tu aimes de tout ton cœur : tes parents, ta famille, tes meilleurs amis. Tu ne peux pas aimer tout le monde aussi fort, et heureusement : si tu étais aussi attaché à ta baby-sitter qu'à tes parents, tu pleurerais de ne pas habiter chez elle. Quelle chance : les gens que tu préfères sont ceux avec qui tu passes le plus de temps !
On n'est pas obligé d'aimer tout le monde très fort. Mais on peut apprendre à regarder chaque personne qu'on rencontre avec respect et gentillesse. Et on peut essayer de faire de la place à chacun dans son cœur, même à des copains qui ne sont pas nos meilleurs amis, même à des cousins qu'on ne voit pas souvent. Ton cœur est grand, tu sais… Tu peux y loger beaucoup de monde ! Plus tu aimes les gens qui t'entourent, et plus la vie est belle, parce qu'aimer et être aimé, c'est le secret du bonheur.

Comment on choisit ceux qu'on aime ?

Souvent, on ne les choisit pas, c'est la vie qui nous les donne : tu n'as pas décidé qui seraient tes parents, tes frères et sœurs, tes cousins. Tu n'as pas non plus décidé quels copains iraient à l'école avec toi. Mais parmi eux, ton cœur s'est choisi des amis, sans que tu saches toujours pourquoi : vous ne vous ressemblez pas forcément, et pourtant vous vous aimez, c'est tout !

Est-ce qu'on peut devenir ami avec un ennemi ?

Bien sûr ! Souvent, quand on déteste une personne, c'est parce qu'on ne la connaît pas bien. Alors on la juge mal, on se fait des idées fausses ou exagérées sur elle. Si tu as un jour le courage de jouer avec quelqu'un que tu n'aimes pas, tu le découvriras sûrement autrement, comme une personne sensible qui a plein de qualités !

Pourquoi c'est mal de mentir ?

Quand on a fait une bêtise, c'est tentant de mentir pour essayer de se tirer d'affaire : « Ce n'est pas moi, c'est ma sœur ! » Parfois aussi, on a envie d'inventer des histoires pour faire l'intéressant : « Mon père est pilote de fusée ! »

Les mensonges qui accusent quelqu'un sont les pires, parce qu'ils sont injustes. C'est normal d'avoir peur de la punition, mais c'est lâche de vouloir qu'elle tombe sur une autre personne. Quand on a le courage de se dénoncer, on est souvent moins puni et, surtout, on reste fier de soi.

Mais même un mensonge qui ne fait de mal à personne n'est pas joli, parce que mentir, c'est toujours tricher. Si les gens te trompent sur leur famille ou sur leur caractère, s'ils inventent des histoires pour que tu les admires, tu t'en rendras vite compte et tu ne les admireras plus du tout ! Quelqu'un qui ment risque de se priver de ses amis. Quelqu'un d'honnête attirera toujours la confiance.

Est-ce que parfois on a le droit de mentir ?

Seulement dans des cas exceptionnels où un mensonge permet de se défendre, par exemple si tu es embêté par quelqu'un de méchant. Imagine qu'on te vole un objet et qu'on menace de te casser la figure si tu vas le dire : il faut promettre de te taire... et filer tout raconter à tes parents ! Personne ne te fera de mal puisque le voleur sera pris !

Est-ce que je dois toujours dire tout ce que je pense ?

Si tu penses des choses qui peuvent faire de la peine aux autres (par exemple, que la jupe de ton amie est très laide), ne dis rien. Taire certaines choses par gentillesse, ce n'est pas mentir ni manquer d'honnêteté !

Comment je peux m'en sortir quand j'ai fait un gros mensonge ?

Ce n'est jamais en inventant d'autres mensonges qu'on peut corriger le premier. La seule solution est d'avouer qu'on a menti et de demander pardon. Cela réclame du courage, c'est un moment difficile à passer, mais c'est le seul moyen de regagner la confiance des autres. Et après, on est en paix avec soi-même !

Pourquoi il ne faut pas **se moquer** des autres ?

C'est très naturel de remarquer les petits défauts des autres : leurs grandes oreilles, leurs dents écartées, leur drôle de nom, ou leur timidité qui les fait bégayer quand ils parlent. Alors, on a vite tendance à en rire...

Seulement, ces blagues sont piquantes comme une flèche. Celui qui les reçoit, même s'il est trop courageux pour montrer sa tristesse, risque de perdre sa confiance en lui. Il peut se croire ridicule et penser que personne ne l'aimera jamais.

Ce n'est jamais du beau travail de rendre les autres malheureux. Toi qui es quelqu'un de super, tu es d'accord pour dire que c'est injuste et lâche, surtout quand on s'y met à plusieurs ! Plutôt que de se moquer des petits défauts d'un copain, il vaut mieux chercher ses qualités, même quand elles se cachent sous sa timidité ou sa maladresse. Il en a de merveilleuses, tout comme toi, et il a même peut-être plus de qualités que les moqueurs qui l'embêtent !

Être taquin, est-ce que c'est la même chose que se moquer ?

Quand tes copains ou tes parents font une blague affectueuse sur l'un de tes petits défauts, ne le prends pas mal. C'est bien de savoir rire de soi-même avec les autres... Si tu te fâches à la moindre blague, tu vas avoir la réputation d'être « susceptible », c'est-à-dire facilement vexé et pas drôle du tout !

Qu'est-ce qu'on peut faire quand on voit des enfants se moquer ?

On peut leur dire que leur attitude est nulle, même si cela demande du courage ! On peut aussi emmener le copain dans un autre coin de la cour, où la bande des moqueurs le laissera en paix. Et s'ils insistent, on a le droit de le dire à la maîtresse pour qu'elle puisse défendre l'enfant attaqué.

Pourquoi on a peur parfois ?

Selon ton caractère, il t'arrive parfois ou souvent d'avoir peur du noir, des araignées, des chiens… La vie est une aventure pleine de surprises et quelquefois de risques. Heureusement, on ne se sent pas en danger tous les jours ! Tu sais que tu grandis en sécurité, élevé par des parents qui te protègent. Mais parfois, tu te rends compte que certaines choses pourraient te faire du mal. Ce sont elles qui font naître la peur dans ton cœur.

Mais le sais-tu ? La peur est ton amie, elle te protège, parce qu'elle invite à la prudence : sans elle, tu ferais n'importe quoi et tu te mettrais réellement en danger. Elle ne devient mauvaise que si elle est exagérée, si elle t'empêche de faire des progrès normaux parce que tu les crois risqués. Quand tes parents te disent que tu peux essayer quelque chose de nouveau, il faut leur faire confiance et oser te lancer ! Chaque fois que tu surmontes une peur, tu grandis un peu plus !

Est-ce qu'il y a des gens qui n'ont jamais peur ?

Ceux qui disent qu'ils n'ont peur de rien ne sont pas courageux : ils sont vantards ! Il arrive à tout le monde de traverser des moments d'angoisse où l'on se sent seul et petit devant un danger. Même les adultes peuvent avoir peur. Le vrai courage n'est pas d'ignorer la peur, mais de la surmonter.

Comment je peux surmonter ma peur ?

Quand tu as peur devant un risque, ce n'est pas en te lançant comme un fou que tu vaincras ta peur : au contraire, tu pourrais te faire mal ! Prends des précautions pour ne pas te mettre en danger et demande à un adulte de rester à côté de toi. Tu te sentiras en sécurité, et tu pourras lui demander de l'aide ou des conseils à tout instant.

Comment une petite peur de rien du tout peut devenir très grosse ?

Si tu gardes cette peur pour toi, ton imagination va travailler et exagérer le danger. Quand tu as eu une frayeur, il vaut mieux vite en parler à un adulte. Le simple fait de la raconter la fera déjà rapetisser !

Pourquoi on pleure ?

Depuis que tu es né, tu as peut-être versé assez de larmes pour remplir un seau… Ces larmes viennent d'un trou minuscule que tu peux voir sur le bord inférieur de chaque œil. Elles sont fabriquées par tes yeux dès qu'une émotion forte t'envahit.
Ces émotions peuvent être très diverses. Tu peux pleurer parce que tu as peur (tu as fait un cauchemar), parce que tu as mal (tu es tombé), parce que tu es vexé (tes parents t'ont puni), parce que tu es triste (ton ami déménage), et même terriblement triste (quelqu'un que tu aimais est mort).
Les larmes ne sont jamais honteuses et elles font du bien. Elles permettent de dire sa tristesse avec son corps, pour la faire sortir de son cœur. On n'a pas le droit de se moquer d'une personne qui pleure. Même les garçons, même les adultes font bien de pleurer plutôt que de garder leur peine enfermée dans leur cœur. Ils retrouveront plus vite le sourire…

Quand un bébé pleure, est-ce que ça veut dire qu'il est triste ?

Tant qu'un bébé ne sait pas parler, les cris sont sa seule manière de dire qu'il a besoin de quelque chose. Ses pleurs signifient souvent « j'ai faim » ou « je suis fatigué » : dans ce cas, il n'est pas triste. Parfois, il pleure parce qu'il a mal au ventre ou aux dents. Ça lui permet d'alerter ses parents sur quelque chose qui ne va pas !

Pourquoi ça énerve les parents quand on pleurniche ?

Contrairement aux larmes, qui ont toujours une vraie cause, les pleurnicheries n'expriment pas une vraie tristesse. On pleurniche quand on est capricieux ou très fatigué. Parfois, on fait un peu exprès de ne pas s'arrêter, juste pour casser les oreilles des parents... et ça marche ! C'est un peu normal qu'ils finissent par réagir...

Pourquoi quelquefois on pleure de joie ?

La joie est aussi une émotion forte, qui peut bousculer autant que la tristesse. Tout chamboulé, le corps ne sait plus très bien où il en est, et il donne l'ordre aux yeux de pleurer... tout en commandant aux lèvres de sourire ! Drôle de mélange !

Pourquoi il y a des jours où on est joyeux et d'autres non ?

Dans ta vie, il y a des jours de fête : Noël, ton anniversaire, le premier jour des vacances. Il y en a aussi beaucoup où tu te sens de bonne humeur sans raison spéciale. Mais certains jours, tu es grognon, triste ou irritable. Qui est le coupable ?

Ça peut être la fatigue, quelque chose qui t'attriste ou qui te fait mal, ou le découragement, les jours où tu rates des choses. Mais garde confiance : même les échecs font progresser, même les moments difficiles peuvent mener à des moments plus heureux !

Et puis, c'est simplement parce que tu n'es pas une machine qui fonce dans la vie comme un bulldozer. Tu as un cœur sensible aux joies, aux coups de tristesse, aux petits tracas qui te mettent de mauvaise humeur, aux moments de vide où tu ne sais plus quoi faire. C'est très beau d'être sensible, même si ce n'est pas toujours confortable ! C'est ce qui te permet de réagir de manière personnelle à tout ce qui t'arrive, aux jours de fête comme aux jours plus gris.

Comment faire pour changer d'humeur ?

Il y a des jours où rien ne va… et ça peut commencer dès le lever. Dans ces cas-là, le mieux, c'est de ne pas rester seul. Quand on est seul, on a tendance à penser très fort à ce qui ne va pas. Va voir un frère ou une sœur, tes parents ou tes amis : ils te changeront les idées. Tu iras mieux après ! Sinon, regarde un livre, fais un jeu que tu aimes bien, raconte-toi une belle histoire… Aujourd'hui ou demain, tu retrouveras le sourire et la joie de vivre !

Pourquoi mes parents n'aiment pas que je boude ?

Tes parents aiment te voir heureux, et ils savent qu'il n'y a rien de pire que la bouderie pour te rendre malheureux ! Quand tu t'enfermes dans le silence, tu empêches les autres de comprendre ce qui ne va pas. Tu les empêches même de s'approcher de toi ! Du coup, ils ne peuvent pas t'aider à retrouver le sourire.

Pourquoi parfois on souffre ?

Tu connais peut-être des gens qui vivent un événement grave dans leur famille : un divorce, une maladie grave ou même un décès.

C'est vrai, la vie n'est pas toujours drôle. Des problèmes y surgissent, et parfois de grandes souffrances. Cela paraît injuste que certaines personnes soient malheureuses pendant que d'autres n'ont pas de soucis.

La vie est si belle… Pourquoi est-ce qu'elle devient dure, parfois ?

La souffrance n'est jamais méritée, jamais explicable. On ne peut pas savoir pourquoi elle existe ; mais quand on souffre, on peut se dire deux choses. D'abord, on n'est pas seul au monde. Tu es entouré de gens qui t'aiment : si un jour tu as mal, appelle-les au secours, ils te tiendront la main pour traverser les moments difficiles ! Ensuite, l'avenir reste toujours plein de promesses. Même quand on souffre très fort, on peut espérer retrouver le bonheur un peu plus tard sur le chemin de la vie.

Mon grand-père est mort. Est-ce que je vais me consoler un jour ?

La mort de quelqu'un qu'on aime est le plus grand des chagrins. C'est important que tu prennes du temps pour être triste : si tu essaies de ne pas penser à ta peine, elle éclatera un jour de manière encore plus violente ! Parle de ton grand-père avec ta famille, pense à lui, remercie-le pour l'amour qu'il t'a donné. Petit à petit, son souvenir se mettra à briller comme une lumière dans ton cœur ; tu ne seras plus triste, mais apaisé.

Est-ce que c'est possible de ne jamais souffrir ?

Le plus beau cadeau que l'on puisse te souhaiter, c'est une vie longue et pleine d'événements riches. Même dans les vies très heureuses, il y a des jours plus sombres que d'autres… mais ce n'est pas la peine d'y penser à l'avance ! L'essentiel est de savoir profiter de tous les bonheurs qui te seront donnés. Ils te rempliront de force pour affronter aussi les difficultés quand elles viendront.

Est-ce qu'on est obligé de mourir un jour ?

Tous les hommes sont mortels, ce qui veut dire qu'ils meurent forcément un jour. On sait d'avance qu'on ne vivra pas sur la terre pour toujours. Mais on sait aussi qu'aujourd'hui on a de grandes chances de vivre longtemps, parce que la science et la médecine ont fait d'énormes progrès : par exemple, on est maintenant capable de soigner des maladies qui tuaient beaucoup de monde autrefois.

Peut-être qu'il t'arrive de penser à la mort. Tu as peur que tes parents meurent, ou alors tes grands-parents qui sont encore plus vieux. Tu n'as pas non plus envie d'être mort, toi. Mais ces séparations sont sûrement pour dans longtemps !

En attendant, il faut croquer la vie à pleines dents. La vie est un très beau cadeau à savourer chaque jour avec ceux qui t'aiment. Ne perds jamais une occasion de leur montrer que, toi aussi, tu les aimes de tout ton cœur.

Est-ce qu'on a mal quand on est en train de mourir ?

Il y a des gens qui meurent tout doucement (au milieu de leur sommeil, par exemple), d'autres qui souffrent davantage. Cependant, on peut soulager la douleur d'un mourant avec des médicaments pour qu'il ne souffre pas trop.

On va où quand on est mort ?

C'est un grand mystère ! Les croyants des grandes religions ont l'espérance d'entrer dans une vie « éternelle » où ils seront heureux pour toujours auprès de leur Dieu (avec leur famille et leurs amis). Pour les non-croyants, ce n'est pas si sûr ! Demande à tes parents ce qu'ils en pensent, leur avis t'aidera à réfléchir.

Est-ce qu'on est mort pour toujours ?

Oui : une personne qui a quitté la terre n'y revient plus. Les fantômes n'existent pas, heureusement pour eux et pour toi ! Mais quand on a aimé quelqu'un qui est mort, on peut garder son souvenir dans son cœur, comme une lumière.
C'est une manière de le faire continuer à exister.

Qu'est-ce qu'il faut faire quand on trouve que ce n'est **pas juste** ?

Il y a plein d'occasions où tu as envie de dire que ce n'est pas juste. Si tu as des difficultés en maths, tu trouves injuste qu'un copain soit meilleur en travaillant moins. C'est vrai : la vie offre à chacun des talents et des coups de chance différents. Il faut l'accepter en te disant que tu as aussi des talents : toi, tu es peut-être fort en dessin… Et si tu continues en plus à travailler en maths, tes efforts seront récompensés !
Parfois, il arrive des choses injustes par la faute des gens. Si tu as menti et que quelqu'un est puni à ta place, tu peux faire gagner la justice en disant la vérité. Si des copains se moquent d'un élève plus faible, tu peux le défendre ou le dire à la maîtresse. Ces sortes d'injustice doivent être combattues : elles sont inacceptables.
La justice commence aussi avec des choses toutes simples : être attentionné envers un ami malade, consoler quelqu'un qui pleure… Par ces petits gestes, tu peux aussi lutter à ta mesure contre les injustices !

Et si je me fais gronder ?

Il y a des cas où tu as tort de dire « ce n'est pas juste », par exemple quand tu es puni pour une bêtise ! La justice n'est pas toujours facile à accepter. Mais ton honnêteté t'aide vite à reconnaître qu'elle te met en paix avec toi-même et avec les autres.

Est-ce qu'un jour tous les hommes auront la même chose ?

On peut espérer que la justice et le partage continuent à grandir dans le monde. Mais même si on répartit mieux les richesses, même si on se bat pour l'égalité de tous les hommes, il y aura toujours des choses injustes auxquelles personne ne peut rien : des gens malheureux, des gens malades, des gens qui meurent plus tôt que d'autres... On ne peut rien contre ces souffrances, mais on peut toujours aider ceux qui les vivent.

Contre quelles grandes injustices les adultes se battent-ils ?

Contre la pauvreté, qui empêche les gens de manger, de se soigner, de faire des études. Contre les guerres, qui menacent la vie des hommes et leur bonheur. Contre les gouvernements autoritaires, qui privent les gens de leur liberté et les mettent en prison pour rien. Il y a beaucoup d'injustices à combattre... et beaucoup d'adultes généreux qui s'engagent dans la bataille.

Comment on fait pour choisir ?

Quand tu fais « plouf plouf » pour choisir quelque chose, tu laisses la chance décider pour toi. C'est amusant et facile ! Mais la plupart du temps, c'est mieux de choisir comme un grand. Ton intelligence est là pour t'aider à faire le choix qui est le meilleur, le plus juste pour toi : sers-toi d'elle…

Parfois, il suffit de te laisser guider par tes préférences. Entre une glace et un pain au chocolat, tes goûts décideront ! Parfois, il vaut mieux écouter ta conscience, cette voix intérieure qui te dit quel est le meilleur choix. Entre faire tes devoirs et regarder la télévision, par quoi commencer ? Tu préférerais la télévision, mais il faut peut-être travailler d'abord pour faire grandir tes connaissances ! Les meilleurs choix ne sont pas toujours les plus faciles, ni pour les enfants ni pour les adultes, qui ont quelquefois des décisions très sérieuses à prendre. Mais comme récompense, on a toujours la joie de savoir qu'on a bien fait.

Pourquoi il y a des choses que je ne choisis pas ?

Tes parents décident encore beaucoup de choses pour toi, car ils ont plein d'expérience sur ce qui est bon pour toi. Quand ils choisissent à ta place, c'est par amour ! Fais-leur confiance. Et ne t'inquiète pas : plus tu grandiras, plus ils te laisseront choisir.

Pourquoi les autres ne choisissent pas toujours les mêmes choses que moi ?

Leurs goûts sont différents, et c'est bien comme ça. Si on choisissait tous les mêmes choses, la vie aurait moins de couleurs ! Parfois, ils n'ont pas non plus le même avis sur ce qui est bien ou mal. Mais si ta conscience te dit que tu as raison, écoute-la !

Qu'est-ce que je peux faire quand je n'arrive pas à choisir ?

Il vaut mieux s'entraîner à choisir quand même, plutôt que de dire « ça m'est égal » : on est toujours plus fier de soi quand on se sent responsable de ses décisions. Et quand on a appris à faire de petits choix, on pourra en faire de plus grands ensuite.

Est-ce que les grands peuvent se tromper ?

Tes parents savent beaucoup de choses : si tu leur poses des questions, ils connaissent souvent les réponses. Quant à ta maîtresse, elle est très forte aussi, puisque c'est son métier de t'apprendre tout ce qu'elle sait. Pourtant, aucun adulte ne sait tout. Le monde est tellement grand, la vie est tellement mystérieuse parfois : même tes parents, qui ont vécu plus longtemps que toi, n'ont pas fini de découvrir ses secrets !

Alors, oui, les adultes se trompent parfois. Ils peuvent croire des choses fausses, faire des erreurs ou de mauvais choix. Quand ils sont fatigués, ils peuvent même se tromper sur des choses faciles : un jour, tu verras peut-être ta maîtresse faire une faute en écrivant au tableau ! Cela ne veut pas dire qu'il faut arrêter d'écouter les adultes. Ils t'apprennent des foules de choses vraies, et quand ils se trompent, ils savent aussi corriger leurs erreurs. Tu peux leur faire confiance et les écouter pour grandir toujours plus.

Est-ce que c'est possible de ne jamais se tromper ?

Oui… pour un ordinateur qui fait des calculs, par exemple. Il sait mesurer des choses compliquées sans faire d'erreur. Mais il n'est qu'une machine, et il est incapable de réfléchir, de changer d'avis, de faire des choix difficiles ou d'aimer. Les hommes, eux, sont capables de tout cela. Quand ils réfléchissent ou qu'ils prennent des décisions, ils peuvent se tromper parfois, mais c'est merveilleux de ne pas être des machines !

Est-ce que c'est grave de se tromper ?

Il y a des cas où ça peut être grave, et où il faut être prudent pour éviter de se tromper. Par exemple, le capitaine d'un bateau doit veiller à ne jamais approcher des rochers pour ne pas faire naufrage ! Mais la plupart du temps, ce n'est pas si grave de faire des erreurs, parce qu'on peut les rectifier. Quand on sait reconnaître qu'on s'est trompé, on progresse et on fait mieux la fois suivante.

Pourquoi il y a des gens méchants ?

La vie serait encore plus belle si tout le monde était adorable ! Seulement, chacun est libre : libre de faire des efforts pour devenir plus gentil, mais libre aussi de ne pas en faire. Les gens ne sont pas des robots programmés pour être gentils ou méchants. À eux de choisir ce qu'ils veulent devenir.

Bien sûr, c'est plus facile d'être bon quand on est heureux. Par exemple, les gens qui n'ont jamais été aimés, qui sont seuls et qui souffrent ont des raisons d'être moins aimables et généreux que d'autres.

Heureusement, toi, tu n'as aucune raison de t'endurcir le cœur ! Alors profites-en, enchaîne les petits efforts quotidiens qui montreront ton attention aux autres. Plus on travaille sur soi-même pour être gentil, plus on grandit !

Est-ce qu'on peut être un peu gentil et un peu méchant ?

Oui, et c'est même le contraire qui est impossible : personne ne peut être parfaitement bon ou parfaitement mauvais. Chacun a dans son cœur une bonne dose de gentillesse, mais aussi un peu d'égoïsme et de méchanceté. L'essentiel est de faire des efforts pour aider la gentillesse à grandir : la méchanceté rapetisse d'elle-même si on lui laisse moins de place !

Est-ce que les méchants peuvent devenir gentils ?

Bien sûr, puisqu'ils sont toujours libres : ils peuvent décider de changer d'attitude. Un homme est toujours plus grand que sa méchanceté, il peut donc gagner la guerre contre elle. Surtout s'il rencontre des gens qui l'aident à devenir meilleur, qui lui font confiance et qui le soutiennent par leur amitié !

Pourquoi je ne dois pas parler aux gens que je ne connais pas

Quand tu es avec tes parents, ils te demandent parfois de saluer des gens que tu ne connais pas : par exemple, des amis qu'ils rencontrent et que tu n'as jamais vus. En même temps, ils te disent de ne pas parler à des étrangers dans la rue. D'ailleurs, ils ne te laissent pas encore te promener tout seul, même sur des chemins que tu connais par cœur !

La plupart des personnes qu'on croise dans la vie sont gentilles. Mais il y en a aussi qui peuvent faire du mal. Très peu, bien sûr ! Le problème, c'est qu'on ne peut pas deviner ce qu'il y a dans le cœur ou dans la tête d'une personne qu'on ne connaît pas. Alors, par prudence, on ne fait pas confiance à n'importe qui, même à quelqu'un qui a l'air doux et qui dit des choses aimables. Il faut être encore plus prudent quand on est un enfant de ton âge, déjà très fort mais moins costaud qu'un adulte !

Qu'est-ce que je dois faire si un jour un adulte m'embête ?

Il faut vite aller voir tes parents. Tu ne dois pas obéir à cette personne si elle te demande de la suivre ou de faire quelque chose. Si tu ne vois pas tes parents, approche-toi de gens que tu connais, et dis-leur que cet adulte t'embête. Et s'il prétend être un ami de tes parents, ne le crois pas ! Vérifie d'abord... auprès de tes parents !

Et si c'est quelqu'un que je connais bien ?

Si un adulte de ton entourage a envers toi des gestes ou des mots que tu trouves bizarres et qui te mettent mal à l'aise, parles-en à un autre adulte que tu connais et que tu aimes. Essaie d'aller voir quelqu'un qui ne connaît pas bien celui qui t'embête. N'attends pas, fais-le vite, même si tu as un peu peur de raconter ça. Explique à cette personne exactement ce qui s'est passé, et fais-lui confiance pour s'occuper du problème comme il faut.

Est-ce que les animaux comprennent tout ce qu'on dit

Si tu as un animal, tu aimes lui parler, jouer avec lui, lui confier tes secrets comme à un ami. Il te regarde alors d'un air affectueux, comme si tes paroles le touchaient.
Mais il manque quelque chose aux animaux pour comprendre tes joies et tes peines. Cette chose extraordinaire, c'est l'âme. Elle est si mystérieuse qu'aucun savant ne saurait expliquer d'où elle vient et comment elle fonctionne ! L'âme, c'est l'intelligence, c'est la capacité d'éprouver des sentiments très forts, de distinguer le bien du mal, de prendre des décisions justes, de comprendre les autres et de se mettre à leur place… L'âme est ce qui fait la beauté et la richesse de la vie humaine.
Cela n'empêche pas ton animal d'être sensible à ta gentillesse et d'être attaché à toi. Et puis, il a quand même une intelligence bien réelle : son cerveau lui permet d'enregistrer plein de choses, et son dressage l'aide à comprendre aussi un certain nombre de choses.

Est-ce que je peux tout faire avec mon animal ?

Bien sûr que non ! Tu ne peux pas le traiter comme une peluche. Un animal maltraité souffre dans son corps. Ce n'est jamais « moral » (c'est-à-dire juste et bon) d'être cruel avec un animal pour le plaisir de se sentir le plus fort.

Comment je dois faire pour bien m'occuper de mon animal ?

Nourris-le bien, veille à sa propreté en changeant régulièrement sa litière, promène-le chaque jour si c'est un chien, emmène-le chez le vétérinaire quand il est malade ou blessé, et ne pars pas en vacances en l'oubliant à la maison !

Comment je peux faire si mes parents ne veulent pas que j'aie un animal ?

Cela coûte cher d'acheter un animal et de l'entretenir. Il faut aussi avoir de la place chez soi et du temps pour s'en occuper ! Si tes parents disent non à tout cela, ne leur en veux pas trop. La vie est longue : quand tu seras grand, tu auras tout le temps d'avoir un animal dans ta propre maison.

Le monde tourne, tourne...

Comment ça a commencé, le monde ?

Pour toi, une année, c'est très long. Lorsque tu viens de fêter ton anniversaire, tu sais qu'il faudra attendre le prochain avec patience. Alors, si on te dit que la Terre s'est formée il y a 4,5 milliards d'années, tu n'arrives pas à imaginer combien ça fait. Même les adultes ne le peuvent pas. C'est comme si tu essayais de compter les grains de sable sur une plage !

Le monde existe depuis si longtemps que la manière dont il est né reste un fabuleux mystère… Les savants pensent que le Soleil est né en premier. Une énorme quantité de poussière et de gaz s'est ensuite détachée de lui et a formé la Terre. Pendant des millions et des millions d'années, notre planète s'est alors peu à peu transformée. Les mers et les continents sont nés et ont bougé, les espèces d'animaux et de plantes sont apparues, la température de l'air a changé… Tout a pris beaucoup de temps avant que le monde devienne ce qu'il est aujourd'hui : une belle planète où les hommes peuvent vivre.

Est-ce qu'il y a eu des hommes sur la Terre dès le début ?

Oh non ! L'espèce humaine est apparue il y a environ 4 millions d'années. Ça fait beaucoup, mais ce n'est presque rien par rapport à 4,5 milliards d'années. Quand les premiers hommes ont vécu, le monde était déjà très vieux. Par exemple, les dinosaures n'existaient plus depuis déjà 61 millions d'années !

Comment l'homme est devenu homme ?

On sait aujourd'hui que les hommes ont beaucoup évolué. Au début, ils ressemblaient à des singes. Puis ils se sont redressés sur leurs deux jambes, ils ont utilisé leurs bras pour manier des outils, chasser, cultiver la terre, construire, et ils se sont mis à parler. De vieilles tombes montrent qu'ils ont commencé très tôt à enterrer leurs morts, ce qui est une habitude humaine. Pas de doute : même s'ils ont mis des centaines de milliers d'années à nous ressembler, ces hommes étaient bien nos ancêtres.

Est-ce qu'un jour le Soleil va s'arrêter de briller ?

Chaque soir, le Soleil se couche, mais il ne s'éteint pas ! La Terre tourne sur elle-même, si bien que ton pays ne voit plus le Soleil pendant quelques heures. Heureusement, tu es sûr de le retrouver le matin.

La chaleur du Soleil donne la vie : sans elle, rien ne pourrait exister, ni les plantes ni les animaux. Ce serait donc terrible si le Soleil s'arrêtait de briller. Mais rassure-toi, ce n'est pas pour maintenant !

Le Soleil est une étoile. Comme toutes les étoiles, il a eu un commencement et il aura une fin. Les scientifiques pensent qu'il est né il y a 5 milliards d'années. Dans plus de 5 autres milliards d'années, après avoir beaucoup grossi, il explosera. Il lui reste donc un temps absolument énorme à vivre ! Le Soleil brillera sur toi durant ta vie entière. Il éclairera tes enfants, tes petits-enfants et tous les hommes qui se relaieront sur la Terre pendant très, très, très longtemps.

Est-ce que la Terre peut mourir avant la fin du monde ?

Aujourd'hui, les hommes sont très nombreux. Ils se servent des richesses de la planète pour vivre. C'est normal ! Mais il faut qu'ils les utilisent raisonnablement, sans les gaspiller. Sinon, 6 milliards d'hommes qui font n'importe quoi pourraient user la planète trop vite ! Avoir des comportements « écologiques » (qui préservent la nature), c'est la condition pour que la Terre reste en bon état très longtemps.

Pourquoi les dinosaures ont disparu ?

Les scientifiques pensent qu'une grosse météorite a heurté la Terre il y a 65 millions d'années. Les débris envoyés dans l'air par ce choc ont plongé la Terre dans le noir et le froid pendant quelques années, si bien que les dinosaures n'ont pas survécu. C'est une hypothèse, c'est-à-dire une explication qui n'est pas confirmée : cet événement est trop ancien pour qu'on puisse avoir toutes les preuves.

Est-ce que c'est vrai que la planète est en danger ?

Peut-être que tu as entendu parler du réchauffement climatique qui préoccupe les scientifiques. Aujourd'hui, la température sur la Terre est en train d'augmenter un peu. Résultat : les banquises polaires fondent, le niveau des océans monte et menace d'inonder les pays proches de la mer. Certaines espèces d'animaux et de plantes sont aussi en danger. Le monde a beau être immense, dès qu'un petit changement s'y produit, son équilibre entier est bouleversé.

On sait que le réchauffement climatique est aggravé par la pollution. C'est donc là qu'il faut agir. Des lois essaient d'empêcher que les usines, les voitures et tous les produits fabriqués par l'homme n'abîment la Terre. Il est normal de protéger le monde dans lequel nous vivons, pour que nos descendants puissent encore en profiter ! Bien sûr, cela ne veut pas dire qu'on doit arrêter les progrès humains. Il faut seulement les organiser pour qu'ils soient efficaces sans être polluants.

Qu'est-ce que je peux faire, moi ?

À la maison, de petits gestes simples te permettent d'éviter du gâchis d'énergie : éteindre les lumières quand tu quittes une pièce, mettre un pull plutôt que de pousser le radiateur à fond, ne pas laisser couler les robinets d'eau inutilement (par exemple quand tu te laves les mains ou les dents), trier les poubelles...

Quels animaux sont en danger ?

Le réchauffement climatique menace des espèces polaires comme les ours blancs. D'autres espèces sont en danger, comme les pandas ou les tigres, car on détruit les forêts où ils vivent. D'autres encore sont aujourd'hui rares à cause de la chasse : les rhinocéros, par exemple. Certains animaux de la mer souffrent de la pêche ou de la pollution des océans. Beaucoup de pays essaient de protéger au maximum ces espèces fragiles en interdisant la chasse, la pêche, la coupe des arbres dans les forêts...

Est-ce qu'il y a des hommes qui vivent sur une autre planète ?

Notre Terre est exceptionnelle ! Grâce à sa distance par rapport au Soleil, il n'y fait ni trop chaud ni trop froid. Surtout, on y trouve de l'air et de l'eau. La vie a donc pu apparaître sur notre planète avec son extraordinaire variété : en plus des hommes, personne ne pourra jamais compter ses milliers de plantes et toutes ses espèces d'animaux !

Les autres planètes qui tournent autour du Soleil sont moins gâtées. Il y fait des températures brûlantes ou glaciales, et rien ne permet à la vie de s'y développer. C'est pourquoi elles sont toutes inhabitées. Mais l'univers est immense. Très loin de nous dans l'espace, il y a d'autres soleils que le nôtre. On peut penser que des planètes tournent autour de ces soleils inconnus, et que certaines sont capables d'abriter la vie. Mais on ne peut pas le vérifier, parce que les meilleurs télescopes du monde ne savent pas percer si loin les mystères de l'espace !

Est-ce qu'un jour les hommes pourront vivre sur une autre planète ?

Des spationautes ont réussi à marcher sur la Lune. Ils ont aussi construit dans l'espace une « station spatiale » : une base habitable pour faire des recherches. Mais personne ne pourrait déménager pour de bon sur une autre planète. Il faudrait résister à des températures extrêmes et vivre sans boire, sans manger, sans respirer : mission impossible !

Pourquoi on représente les extraterrestres en petits bonshommes verts ?

Pour rire ! Les premières personnes qui ont dessiné des extraterrestres ont dû imaginer qu'ils avaient forcément mauvaise mine, puisqu'ils vivaient loin du Soleil !
En réalité, leur peau verte, leurs antennes sur la tête et même leurs soucoupes volantes sont des inventions amusantes qui n'ont rien de scientifique.

Pourquoi c'est mal de jeter des papiers par terre ?

Dans ton école, il y a beaucoup d'élèves ; dans ta ville, beaucoup d'habitants… Imagine que chacun laisse tomber derrière lui ses poubelles. Quel beau tapis ça ferait !

On partage le monde avec des milliards de gens, et on est tous responsables de sa propreté. En plus, dans nos pays où la collecte des poubelles est très organisée, on n'a aucune excuse : il faut être vraiment paresseux et se moquer des autres pour jeter des choses n'importe où.

Parmi ces choses, certaines sont encore plus mauvaises que d'autres. Par exemple, en laissant traîner des mouchoirs sales à l'école, tu peux répandre des microbes. En jetant du plastique, du verre ou du métal dans la nature, tu abîmes l'environnement, parce que ces matériaux mettent des centaines d'années à disparaître. En plus, ils peuvent blesser ou empoisonner les animaux.

Décidément, il vaut mieux aider le monde à rester tout beau, tout propre, et en bonne santé !

Si je jette un papier par terre, il devient quoi ?

En ville, un balayeur le ramasse ; mais ce n'est pas respectueux de lui donner ce travail ! Dans la nature, le papier reste par terre jusqu'à ce que la pluie, le soleil, la terre l'aident à se dégrader, c'est-à-dire à « se fondre » entièrement dans la terre. Pour un papier, c'est moins long que pour une bouteille en plastique. Mais en attendant, c'est laid quand même, et les autres promeneurs s'en passeraient !

À quoi ça sert de trier les déchets ?

Les différentes poubelles sont emportées dans une usine où on récupère tous les matériaux (verre, papier, plastique, métal...) qui peuvent servir à fabriquer des objets neufs. Ce « recyclage » évite beaucoup de gâchis : par exemple, quand on réutilise du vieux papier pour fabriquer des cartons d'emballage, on évite de couper des arbres.

Pourquoi il y a plusieurs religions ?

Parmi tes copains, certains viennent peut-être de familles qui ne pratiquent pas la même religion que toi. Le Dieu dont tu entends parler chez toi, si tes parents sont croyants, n'est pas forcément le même que le leur. Comment expliquer cela ?
Regarde autour de toi comme le monde est beau. Les paysages, les plantes, les animaux, et surtout les hommes : c'est tellement bien fait ! Depuis toujours, les hommes se sont émerveillés devant la beauté du monde. Alors, beaucoup pensent que la vie n'a pas pu apparaître toute seule, et que c'est un Dieu intelligent, habile et bon qui a créé tout cela. Seulement, personne n'a jamais vu Dieu. C'est pourquoi tout le monde n'est pas d'accord sur qui il est ! Certains pensent qu'il n'y a qu'un Dieu, d'autres pensent qu'il y en a plusieurs. Chacune des religions a sa manière d'en parler et d'y croire. Quand on est devant un si grand mystère, c'est normal que tout le monde ne pense pas pareil…

Qui a raison ?

Si les hommes le savaient, ils auraient tous la même religion ! Mais au fond, cela n'a pas une si grande importance. Quelle que soit sa religion, un croyant est quelqu'un qui cherche à mieux connaître et à mieux servir Dieu. Pour cela, il fait des efforts : il essaie de devenir meilleur, d'être généreux, de prendre du temps pour prier... Et si Dieu existe bel et bien, ces efforts seront récompensés !

À quoi ça sert de croire en Dieu ?

Si on est croyant, on pense que Dieu a créé les hommes avec amour. Cela peut aider à respecter chaque personne, à vivre en paix pour faire un monde encore plus beau !
La foi aide aussi à ne jamais se sentir abandonné, même les jours où la vie n'est pas facile, puisqu'on croit que Dieu veille sur chaque homme. Enfin, la foi rassure les croyants devant la mort, parce qu'ils pensent qu'il y a une vie après.

Pourquoi certains ne croient pas en Dieu ?

Comme personne n'a jamais vu Dieu, certains pensent qu'il n'existe pas. Ils sont libres de ne pas croire, tout comme les croyants sont libres d'avoir la foi. C'est important de respecter la liberté de chacun dans ce domaine !

Pourquoi on n'a pas tous la même couleur de peau ?

Tu le vois en classe : parmi tes copains, certains sont blancs, d'autres sont noirs… Vos couleurs de peau peuvent être très variées. Autrefois, vos familles vivaient sur différents continents du monde, où les populations ne se ressemblaient pas du tout.

On sait expliquer pourquoi la peau est claire ou sombre. Elle contient un produit foncé appelé la « mélanine » qui, comme une peinture, la colore plus ou moins. Dans les pays où le soleil est très chaud, les peuples ont une peau foncée qui les protège des brûlures. Dans les pays plus froids, la peau claire permet de mieux absorber l'énergie du soleil, qui donne une bonne santé !

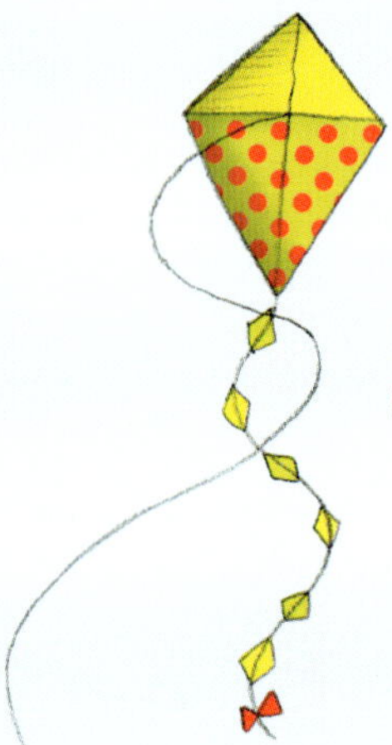

C'est une richesse pour les hommes d'être physiquement différents, tout en partageant ce qu'ils ont de meilleur : leur intelligence et leur cœur. Et c'est une chance de pouvoir vivre tous ensemble dans le monde d'aujourd'hui… où l'on sait que tous les hommes sont égaux quelle que soit leur couleur de peau. Cette évidence n'a pas toujours été reconnue !

Pourquoi les gens différents font un peu peur ?

Souvent, les gens qui ont une autre couleur de peau ont aussi une autre langue, une autre religion, d'autres habitudes... Comme ils sont très différents, on ne comprend pas forcément leurs pensées, leurs idées, leurs réactions... et ça fait peur. On croit qu'on ne pourra jamais vivre dans le même monde. Quelle énorme erreur ! La différence fait peur si on ne la comprend pas ou qu'on ne l'accepte pas. Mais entre deux hommes « tolérants », prêts à respecter les différences de l'autre, le dialogue est toujours possible.

Ça veut dire quoi, être raciste ?

Les racistes sont des gens convaincus que l'espèce humaine se divise en plusieurs « races » : des groupes d'hommes séparés par des différences physiques. Ils se trompent, car la science a prouvé que rien ne séparait les hommes les uns des autres. Ils se trompent encore plus quand ils affirment que les races ne sont pas égales et que leur race est supérieure aux autres.

Pourquoi il y a des guerres ?

Malheureusement, les guerres existent depuis toujours... Tout au long de l'histoire, les hommes se sont battus pour prendre les richesses ou les terres de leurs voisins. Parfois aussi, une guerre éclate à cause de l'intolérance des hommes. Par exemple, quand deux peuples ont des idées différentes sur le monde, et qu'ils veulent les imposer aux autres par tous les moyens. Il n'y a rien de plus terrible que de s'entretuer parce qu'on est différents ! Pourtant, hélas, c'est souvent arrivé dans l'histoire.

C'est humain d'être jaloux de ce que possèdent les autres ou de vouloir imposer ses idées ! Toi, quand tu envies un copain, quand tu lui interdis de jouer à un jeu que tu veux garder pour toi, ou quand tu veux le forcer à faire ce que tu veux... c'est un peu comme si tu lui déclarais la guerre. Seulement, les guerres entre pays font plus mal que les guerres entre copains : elles causent des destructions, des morts et beaucoup de souffrances.

Aujourd'hui, est-ce qu'il y a des guerres dans le monde ?

Oui, et elles peuvent faire plus de dégâts qu'à l'époque des chevaliers, parce que les armes modernes sont plus perfectionnées. Heureusement, les gouvernements de presque tous les pays savent qu'il serait terrible de déclencher des guerres avec ces armes, et ils s'efforcent de maintenir la paix partout. Mais il reste des endroits dans le monde où l'on se bat.

Est-ce qu'il y a des gens qui essaient d'arrêter les guerres ?

Oui. Il y a les « diplomates ». Ce sont les gens nommés par les gouvernements pour résoudre les problèmes entre les différents pays. Leur rôle est de se rencontrer et d'essayer de trouver des solutions. Il y a aussi des soldats qu'on appelle les « casques bleus ». Ils viennent de différents pays et sont envoyés dans les régions en guerre pour une mission très spéciale : rétablir la paix entre les camps adverses.

Pourquoi il y a des gens qui dorment dans la rue ?

Parfois, tu croises dans la rue des gens qui demandent de l'argent aux passants. Tes parents t'ont peut-être expliqué qu'on les appelait des « SDF », des « sans domicile fixe », parce qu'ils n'ont pas de maison à eux.

Mais pourquoi ces hommes et ces femmes ont commencé à vivre dans la rue ? Certains sont nés dans une famille pauvre ou ont été rejetés par leurs parents : leur enfance difficile les a empêchés de construire leur vie comme les autres. D'autres ont vécu un grand malheur quand ils étaient adultes : désespérés, ils n'ont plus eu envie de vivre normalement. Chaque SDF a son histoire, une histoire qu'il faut respecter car elle est douloureuse. Même quand on trouve qu'un SDF est sale, qu'il est ivre et qu'il dit n'importe quoi, il ne faut pas se moquer. Tu peux passer vite devant lui en donnant la main à tes parents... mais en te disant que, comme chaque homme, il mérite le respect.

Quand on donne de l'argent à ceux qui sont dans la rue, ils en font quoi ?

Ils sont libres de le dépenser comme ils veulent ! Si on veut vraiment vérifier que son argent servira à acheter des choses nécessaires, on peut le donner à des associations qui aident les SDF. Celles-ci achètent des repas, des vêtements, des couvertures… et les distribuent aux gens de la rue.

Pourquoi on ne peut pas inviter chez nous quelqu'un qui dort dans la rue ?

Même si on est très généreux, il faut rester prudent. On ne sait pas ce qui se passe dans le cœur d'un inconnu, s'il est gentil ou s'il peut poser des problèmes. Mais rassure-toi : en France, il existe des centres pour accueillir les SDF qui souhaitent passer la nuit au chaud, surtout en hiver. Et des repas leur sont aussi distribués dans certains lieux.

Pourquoi certains enfants ne sont pas « comme les autres » ?

Il t'arrive de croiser des enfants en fauteuil roulant, ou d'autres qui ont l'air d'avoir un problème dans leur tête. Tu as raison de vouloir comprendre d'où vient leur différence : cela t'aidera à les regarder autrement. Quand un bébé commence sa vie dans le ventre de sa maman, son corps se développe comme un puzzle fabuleux et très compliqué. Parfois, hélas ! la nature a mal programmé un détail du puzzle. Cela donne un « handicap » : un problème qui peut être physique, ou aussi mental s'il touche le cerveau, qui commande l'intelligence. Parfois aussi, le handicap vient après la naissance, à cause d'une maladie ou d'un accident.
Mais malgré leur handicap, ces enfants sont comme toi : ils aiment jouer, rire, donner et recevoir de la tendresse… Ne les regarde pas comme des extraterrestres, mais plutôt comme des copains qui n'ont pas eu la même chance que toi. La vie leur a donné une difficulté particulière. Respecte-les pour cela, ils le méritent !

Pourquoi ça fait peur, un enfant handicapé ?

Ça fait peur parce qu'il a l'air très différent. Il peut même avoir une grosse voix, des colères que tu ne comprends pas et qui t'intimident. Le mieux est de rester souriant et calme : comme tout le monde, une personne handicapée est très sensible à la gentillesse.

Est-ce que ces enfants pourront avoir la même vie que moi ?

Dès maintenant, il leur faut plus de courage.
Ils ne peuvent pas toujours aller dans une école normale ni partager les activités de tout le monde.
Certains doivent aller souvent à l'hôpital…
Dans le cas d'un handicap grave, ces enfants ne pourront pas avoir de métier ni se marier plus tard.
Cependant, entourés par leur famille, placés dans de bonnes maisons d'accueil, ils pourront mener une vie épanouissante : le bonheur ne dépend pas de la force ou de l'intelligence, heureusement !

Est-ce que c'est vrai qu'il y a des enfants qui travaillent ?

Dans les pays pauvres, il y a des enfants qui travaillent dur, mais pas à l'école comme toi. Ils sont ouvriers comme des grandes personnes. Du matin au soir, on leur fait fabriquer des objets. Ils travaillent parfois sans sécurité, avec des machines dangereuses ou des produits très mauvais pour la santé.

D'autres enfants travaillent dans les champs. En ville, d'autres encore ramassent les ordures et les trient pour les revendre, cirent les chaussures, sont vendeurs ambulants... Pendant ce temps, ils n'apprennent pas à lire ni à écrire, et cela les empêchera de choisir plus tard un autre métier qui leur permettrait de gagner davantage d'argent.

Les enfants méritent d'être protégés jusqu'à ce qu'ils soient solides comme des adultes. Ils méritent aussi d'être instruits pour apprendre plein de choses et s'épanouir. Le travail des enfants ne devrait donc pas exister. Il faut tout faire pour y mettre fin !

Pourquoi on fait travailler les enfants ?

Pour une raison injuste : on les paie moins cher que des ouvriers adultes ! Comme ils sont petits, ils n'ont pas les moyens de se défendre.
Alors non seulement on leur demande un travail qui n'est pas de leur âge, mais en plus on les récompense mal.
Il y a aussi des enfants qui travaillent en famille : ils aident leurs parents paysans, pêcheurs ou marchands. Ils sont mieux traités, mais leur travail les empêche quand même d'aller à l'école.

Qu'est-ce qu'on fait pour empêcher que les enfants travaillent ?

Des lois internationales protègent les enfants et interdisent de les faire travailler. Dans les pays où l'école est obligatoire, les enfants sont protégés : puisqu'ils sont à l'école, on ne peut pas les envoyer à l'usine. La plupart des pays respectent ces lois… mais pas tous, malheureusement. Là où ce n'est pas le cas, des associations se battent pour sortir les enfants de la pauvreté et leur permettre d'aller à l'école.

Pourquoi il y a des enfants malades

Tu connais bien certaines petites maladies (les gastros, les otites...). Elles ne sont jamais très agréables, mais on en guérit vite. Cependant, il existe aussi des maladies exceptionnelles qu'on ne peut pas soigner avec des sirops ou du repos. Les rares enfants qui en souffrent doivent passer beaucoup de temps à l'hôpital.

Il peut s'agir de maladies que ces enfants ont depuis qu'ils sont dans le ventre de leur maman. Il peut aussi s'agir de maladies causées par des microbes particulièrement dangereux. Heureusement, la médecine a beaucoup plus de moyens qu'autrefois pour combattre les problèmes graves. Mais une maladie semble toujours spécialement injuste quand elle attaque un enfant. C'est difficile pour lui de se concentrer sur le travail de l'école, de se faire des amis... Alors, si tu as un jour dans ta classe un enfant qui doit s'absenter souvent pour aller à l'hôpital, sois sympa : donne-lui ton amitié. C'est le plus beau cadeau que tu puisses lui offrir, pour qu'il ne se sente pas seul.

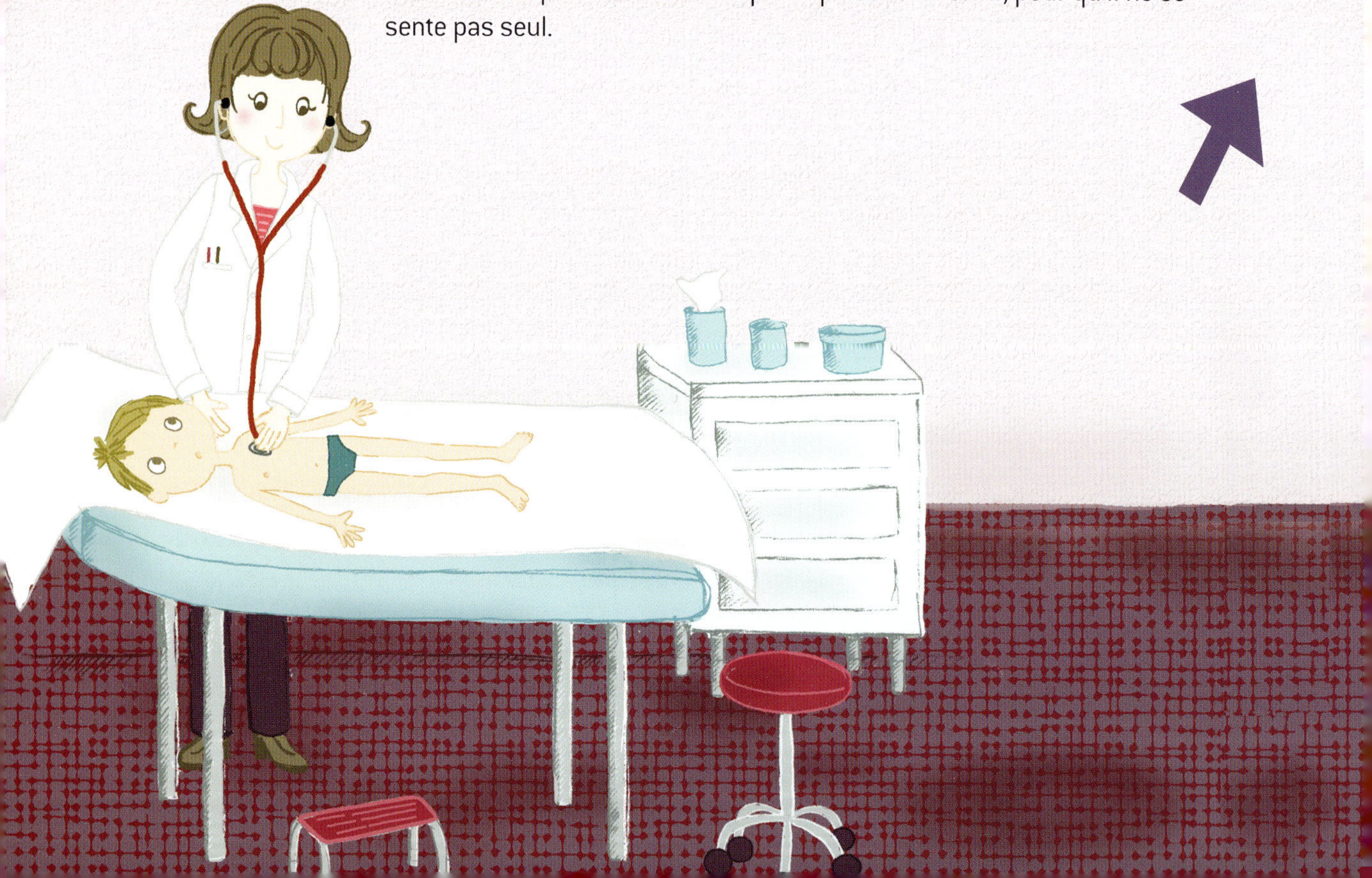

Pourquoi je n'aime pas aller chez le docteur ?

Est-ce que tu n'aurais pas un peu peur des piqûres, par hasard ? Tu sais que le médecin doit parfois te faire un rappel : une piqûre qui renouvelle l'efficacité d'un vaccin. Mais il peut aussi t'examiner juste pour vérifier que tu grandis bien.
Alors, n'aie pas peur ! Le docteur est là pour veiller à ta santé, qui te permet de vivre heureux.

C'est quoi, un vaccin ?

Lorsqu'il te pique, le médecin t'injecte sous la peau un produit qui contient une toute petite dose de mauvais microbes. Ainsi, ton corps apprend à connaître ces microbes et à s'en défendre tant qu'ils ne sont pas nombreux. Si un jour la maladie veut t'attaquer, ton corps saura quelles armes utiliser pour la repousser.

Comment on sait qu'une chose est belle ?

Est-ce qu'il t'est arrivé de t'arrêter devant un magnifique paysage et de te sentir heureux rien qu'à le regarder ? Est-ce que tu as déjà vu un dessin qui t'a tellement plu que tu l'as observé longtemps, sans voir le temps passer ?

C'est à cela que tu peux reconnaître la beauté. Devant une belle chose, tu te sens bien, tu as l'esprit en paix. Les yeux grands ouverts, tu laisses la beauté entrer dans ton regard et dans ton cœur. Et peut-être qu'elle influence ton cœur pour le rendre encore meilleur... parce que la beauté et la bonté sont souvent bonnes amies.

Les animaux sont insensibles à la beauté du monde. C'est l'une des grandes chances de l'homme que de savoir admirer les belles choses. Il est même capable de beaucoup plus : il sait créer de la beauté, quand il invente une œuvre d'art ! Un tableau, une statue, un poème, ce sont des cadeaux que les artistes font au monde pour le rendre plus riche, plus beau.

Est-ce que tout le monde trouve les mêmes choses belles ?

Les hommes ont des goûts variés. Une musique qu'un Français trouve belle peut ne pas plaire à un Chinois… ni même à un autre Français ! C'est ta « sensibilité » qui t'aide à penser qu'une chose est belle. Mais il existe des œuvres d'art que le monde entier admire. Cela montre que la beauté, quand elle est parfaite ou presque, touche le cœur et l'intelligence de tout le monde.

Est-ce qu'on peut changer d'avis sur une belle chose ?

Il y a des choses que tu trouvais belles l'an dernier et que tu n'aimes plus aujourd'hui. Il y a aussi des choses que tu n'aimes pas encore et que tu admireras plus tard. Tout ce que tu apprends chaque jour, tout ce que tu vis te fait grandir et fait grandir aussi en toi ton sens de la beauté.

Texte
Charlotte Grossetête

Illustrations
Céline Chevrel : 12-13, 22-23, 26-27, 32-33, 38-39, 60-61, 74-75, 82-83, 86-87, 94-97, 106-107, 110-111, 118-119.

Yolande Damart : 14-15, 18-19, 28-29, 42-43, 46-47, 56-57, 66-67, 72-73, 80-81, 90-91, 100-103, 108-109, 120-121, 124-127.

Mélanie Grandgirard : couverture, 9-10, 20-21, 24-25, 34-37, 40-41, 50-51, 54-55, 62-65, 70-71, 78-79, 84-85, 98-99, 104-105, 114-115.

Pascal Vilcollet : 10-11, 16-17, 30-31, 44-45, 48-49, 52-53, 58-59, 68-69, 76-77, 88-89, 92-93, 112-113, 116-117, 122-123.

Photogravure : IGS
Achevé d'imprimer en novembre 2013 par Graficas Estella (Espagne)
N° d'édition : 13253-2
Dépôt légal : mars 2010